IMPARTICIÓN

*¡Enseñas Lo Que Sabes,
Pero Transmites Lo Que Eres!*

**Escrito Por
Pastor Fred Kasule**

SHABAR PUBLICATIONS
McALLEN, TEXAS

IMPARTICIÓN: *¡Enseñas Lo Que Sabes, Pero Transmites Lo Que Eres!*
Escrito por el Pastor Fred Kasule

Publicado por Shabar Publications
3833 N. Taylor Rd.
Palmhurst, Texas 78573
www.shabarpublications.com
mayorga1126@gmail.com

ISBN: 978-1-955433-40-2

Índice

Prólogo

Mientras recorría los pasillos de una librería local, no pude evitar mirar los innumerables libros de autoayuda disponibles. Eran libros sobre cómo solucionar casi cualquier problema conocido por el hombre, o al menos una guía para superar el desamor, la adicción, el divorcio y cultivar una buena actitud ante la vida.

Ahora bien, la mayoría de estos escritos y estudios se basan en la psicología. La configuración de encontrarle sentido a la vida sin el poder de Dios. Es increíble lo que la humanidad puede crear cuando la necesita.

No debería sorprender a nadie que la iglesia moderna haya cambiado cada vez más su enfoque hacia la psicología y haya descuidado el poder de Dios en casi todos los aspectos. Desde la consejería hasta la vida práctica, pasando por libros de autoayuda basados no en la premisa del Espíritu Santo, sino en el alma del hombre (la carne; el viejo hombre), los siervos de Dios han cambiado el Poder de lo Alto por el poder de la psicología y los métodos de autoayuda.

Cuando llegué al reino de Dios a mediados de los 80, los predicadores predicaban un mensaje lleno de poder y convicción: "¡El problema es el pecado, y la respuesta es Jesús!" o "¡A menos que nazcas de nuevo, no puedes ver el reino de Dios!". Estos mensajes eran tan poderosos que no había necesidad de disculparse: si el Espíritu de Dios no estaba en ti, seguías en tus pecados, ¡y la vida de Dios no estaba en ti!

El mensaje sigiloso del humanismo, los siervos egocéntricos, los líderes eclesiásticos egocéntricos y los ministerios autopropagadores, en un intento por mantenerse al día con la actualidad, han prostituido el nombre de Jesús en aras del crecimiento de las iglesias y ministerios más grandes.

En medio de esta mentalidad eclesial moderna, caracterizada por el humanismo y las filosofías vanas, este libro nació del deseo del pastor Fred Kasule de ser una lámpara en una iglesia carente del poder, la presencia y el propósito de Dios.

En su último libro, IMPARTICIÓN, el pastor Fred Kasule trae un mensaje muy necesario para un tiempo como este. No es solo un libro, sino una guía para una vida más plena y plena en Dios. Lleno de principios que lo he visto poner en práctica innumerables veces mientras ministrábamos juntos en varias iglesias, el pastor Fred Kasule realmente ha hecho grandes esfuerzos para poner en papel algunas de las verdades más maravillosas y que cambian la vida para que el siervo de Dios se apropie de ellas.

Doy gracias a Dios por hombres como el pastor Fred Kasule, que aún creen en el poder del Espíritu Santo y en la belleza de la impartición. Si Dios va a hacer que su iglesia reanude su poder, recibir una nueva impartición de la unción de Dios será fundamental para cualquier siervo escogido de Dios. Mi consejo para cualquier hombre o mujer que anhele ser usado por Dios en estos últimos días es que tome este manuscrito, estudie los principios que nuestro querido siervo nos ha presentado, y luego se reúna con Dios y clame hasta ser investido con poder de lo alto.

La iglesia de Jesús no es una corporación; no es IBM ni Apple. La iglesia de Jesús es su único testimonio de vida divina en la tierra. ¡Su Espíritu es el único que puede dar a la iglesia vida verdadera! ¡Necesitamos su impartición una vez más! Como dijo David: «**Ayuda, SEÑOR, porque ya no hay nadie fiel; los leales han desaparecido de la raza humana**» (Salmo 12:1). Así sea, ven, Señor Jesús.

Pastor David Mayorga,
Director de Masterbuilder Ministries
Palmhurst, Texas

Introducción

Enseñas lo que sabes, pero transmites quién eres. - Jack Frost

El plan de Dios para continuar sus propósitos en la tierra se basa en la impartición. La impartición desde el principio es el secreto de la continuidad.

"Entonces el Señor Dios formó al hombre del polvo de la tierra, y sopló en su nariz aliento de vida, y el hombre se convirtió en un ser viviente." (Génesis 2:7).

El hombre tenía todo lo que necesitaba, las partes para funcionar, pero sin la impartición del aliento de Dios, no era un ser viviente.

Hay tantas personas en el anonimato que nunca serán visibles hasta que hayan recibido una impartición. Por eso creo que Dios siempre nos dará oportunidades de recibirla, porque nos creó para ser útiles e impactar a quienes nos rodean.

La impartición es la transferencia que se produce a través de un encuentro directo con Dios o a través de las relaciones. La impartición puede ser tanto buena como mala, pero cuando ocurre, todo en esa persona cambia.

"Entonces Jesús les dijo: 'Síganme, y los haré pescadores de hombres'" (Marcos 1:17).

"Y he aquí, yo enviaré sobre vosotros la promesa de mi Padre. Pero quedaos en la ciudad hasta que seáis investidos de poder desde lo alto." (Lucas 24:49)

Jesús ya les había dicho a sus discípulos que continuaran con la misión de expandir el Reino, pero les indicó que esperaran hasta que experimentaran una impartición de poder.

La fe es la piedra angular de la impartición y te llevará más allá de tus capacidades naturales.

Todos nacemos con limitaciones y problemas generacionales, como malas experiencias infantiles, problemas culturales y miedos, que pueden convertirse en un obstáculo para los propósitos de Dios en nuestras vidas.

La impartición te permite cosechar lo que otros han logrado con su esfuerzo. Te hace fructífero y útil, activando lo que ha estado latente en tu vida.

Razones por las que la gente fracasa

- Falta de visión (Proverbios 29:18)
- Desconocimiento de las promesas de Dios y de los principios que las activan (Oseas 4:6)
- Falta de relaciones significativas (Eclesiastés 4:9-12)
- Falta de perseverancia (Lucas 18:1, 1 Timoteo 1:18)
- Falta de discernimiento (Mateo 16:22-23)
- Ataduras y ataques satánicos (1 Tesalonicenses 2:18, Daniel 10:14)
- Incredulidad e incapacidad para recibir de Dios y de los demás (Mateo 13:58)
- Ignorancia de la palabra de Dios y del ministerio profético (Oseas 12:13)

La impartición se relaciona con dar y recibir habilidades sobrenaturales, precedidas por la disposición a aprender. La transferencia de estas habilidades sobrenaturales puede provenir directamente de Dios o de un siervo de Dios, especialmente mediante la imposición de manos.

Esta es una práctica bíblica legítima que, si se comprende y se aplica, nos permitirá alcanzar el éxito en nuestras tareas.

Capítulo 1

La Impartición y Como Nós Afecta

La asociación trae impartición. - Dorothy Nthako

Leí una historia sobre un joven adolescente que sufrió un ataque de violencia por parte de su padre. El incidente se debió a un estilo de camisa que usaban otros adolescentes. Su padre le dijo que no la comprara, y después de que el joven apareciera con ella puesta, su padre le dijo que se la quitara. Cuando el chico se resistió, su padre explotó, rasgando la camisa mientras aún la llevaba puesta. La violencia sí afectó al chico físicamente, pero tuvo un efecto secundario más profundo. Más tarde, este chico se casó y tuvo sus propios hijos. Resultó que su hijo mayor quería usar una camisa "hip-hopper" en particular, a lo que se opuso. Más tarde ese día, su hijo intentó escabullirse de la casa con la camisa puesta, pero lo atraparon. Tal como lo había hecho su padre antes que él, este hombre explotó y, mientras la camisa aún estaba puesta, la rasgó por varios lugares.

La palabra «impartir» proviene de metadidomi, que significa transferir algo de una persona a otra.

Otras palabras que transmiten el mismo significado de impartir son transmisión, divulgación, revelación, comunicar, difundir, informar y diseminar.

Pablo creía que si podía ver a los romanos, pasar tiempo con ellos o quizás imponerles las manos, se les impartiría algo espiritual.

"Anhelo verlos para poder impartirles algún don espiritual que los fortalezca." (Romanos 1:11)

Pablo creía en la impartición, y debido a lo que había logrado tras su encuentro con Jesús, anhelaba compartir lo mismo con los demás.

Durante muchos años, me he esforzado por cultivar la disposición a aprender de los demás. Todos sabemos algo que tú desconoces. Siempre es sabio aprender de los demás.

"Que el sabio oiga y aumente su saber, y el entendido encuentre dirección..." (Proverbios 1:5)

La impartición reúne las virtudes de varias personas en una sola, dispuesta a crecer.

Pablo le dijo a Timoteo, su hijo espiritual: **«No descuides tu don, que te fue dado mediante profecía cuando el cuerpo de ancianos te impuso las manos. Sé diligente en estos asuntos; entrégate por completo a ellos, para que todos vean tu progreso».** (1 Timoteo 4:14-15)

Cuando imponemos las manos a alguien, el Espíritu Santo o el don que está en nosotros puede transferirse a otra persona. [Ver Hechos 8:14-25]

Simón el mago vio a los apóstoles imponer las manos sobre la gente y el poder del Espíritu Santo desatado sobre ellos, y les ofreció dinero para comprarlo. Esta es una práctica común de brujería. Siempre hay un factor monetario en la compraventa de "bendiciones" y maldiciones. Cuando la gente empieza a equiparar las cosas espirituales con las ganancias económicas, la fama y la oportunidad de dominar a los demás, se trata de una práctica de brujería. Con razón Pedro lo reprendió.

Pablo, dirigiéndose a la iglesia de Galacia, les hizo una pregunta:

¡Gálatas insensatos! ¿Quién los ha fascinado? Ante sus propios ojos, Jesucristo fue presentado claramente como crucificado." (Gálatas 3:1)

Los creyentes de esta iglesia habían abandonado la fe y recurrido a las obras para alcanzar la salvación.

El Señor puede impartir sus dones en tu vida como Él quiera. También es importante destacar que una impartición será visible para los demás. [2 Reyes 2:15-18]

Ruego que no permitas que las experiencias pasadas, la religión y sus ideas te impidan llegar al lugar más profundo adonde el Espíritu Santo quiere llevarte.

La religión intentará calificarte o descalificarte. Pero Dios ya te calificó por lo que Jesús hizo por ti en la cruz.

Una mala impartición puede ser una maldición de liberación prolongada.

En la historia del joven que mencioné, él no era una persona malvada ni violenta, pero algo lo había impactado negativamente. Su propio padre le había impartido una maldición de liberación prolongada. Este patrón de ira descontrolada se había incubado en su espíritu hasta que llegaron las circunstancias adecuadas; entonces se repitió de forma idéntica.

La acción de su padre fue una semilla que, independientemente de su decisión consciente, floreció por sí sola en el jardín de su vida. Desafortunadamente, muchas personas son víctimas de estos problemas generacionales. La víctima siempre será derrotada hasta que se reconozca, se arrepienta y renuncie a ello.

Éxodo 34:7 dice que *"los pecados de los padres"* recaen sobre los hijos.

Los pecados de los padres recaen sobre los hijos, lo que significa que las consecuencias negativas de las acciones de los padres, en particular sus malas acciones o pecados, pueden afectar a sus hijos, a menudo provocando luchas o dificultades similares en sus vidas. Las personas pueden ser canales para el bien o para el mal.

Hay cosas que creemos o dudamos en nuestras vidas simplemente porque nos las transmitieron quienes nos rodean. Algunas de estas creencias son religiosas, culturales, tribales o raciales.

El espíritu humano es como una esponja que absorbe la sustancia del mundo que nos rodea.

"Las malas compañías corrompen las buenas costumbres." (1 Corintios 15:33)

Muchos niños bien educados se criaron en buenos hogares y, por una u otra razón, se hicieron amigos de jóvenes rebeldes, sexualmente inmorales o que consumían drogas. Pronto, la moral de esos niños se vio comprometida por la influencia de malas amistades.

"El que anda con sabios, sabio será." (Proverbios 13:20)

Hay personas que Dios ha puesto en nuestras vidas, cuya influencia nos inspira a alcanzar las estrellas. También hay personas que el diablo ha puesto a nuestro alrededor, que nos dejarán cicatrices inolvidables.

Límites:

Funcionamos bien con límites. Necesitamos reglas y normas de la palabra de Dios; esto mantendrá alejado al enemigo. El mundo en el que vivimos es una zona de guerra, y sin límites, nos convertimos en víctimas.

"Entonces Manoa le preguntó: "Cuando se cumplan tus palabras, ¿cuál será la regla que regirá la vida y el trabajo del muchacho?" (Jueces 13:12)

Manoa y su esposa eran estériles cuando un ángel se les apareció y les prometió un hijo que liberaría a Israel de sus enemigos. Antes de que naciera Sansón, Manoa oró a Dios. Quería saber los límites que su hijo debía respetar.

Jesús advirtió: **"Por tanto, tengan cuidado de cómo escuchan; porque a todo el que tiene, se le dará más"** (Lucas 8:18).

Esto significa que a todo aquello en lo que se concentren y escuchen con atención, se les dará más. Debemos considerar sabiamente lo que escuchamos, leemos o vemos. Ya sea que la impartición provenga de los medios de comunicación, amigos o familiares, presten atención a lo que permiten entrar en su espíritu. Porque todo lo que permitan entrar en ustedes a través de la impartición, esa realidad se les dará hasta que tengan abundancia.

Capítulo 2

La Impartición Te Establecerá

"Porque anhelo verlos, para impartirles algún don espiritual que los confirme." (Romanos 1:11)

Es importante saber que la impartición trae transformación. Pablo tuvo un encuentro con Jesús en el camino a Damasco. Esa experiencia de impartición transformó su vida y ahora podía impactar la vida de otras personas.

Dios no solo afectará tu interior, sino también el ambiente que te rodea. Dios usa a personas comunes y las sigue usando para hacer cosas extraordinarias, pero primero deben recibir una impartición.

Es esencial reconocer que la impartición puede tener efectos tanto positivos como negativos. Una buena impartición te fortalecerá, mientras que una mala impartición te desestabilizará y te debilitará.

Según la Biblia, las asociaciones determinarán el tipo de impartición en tu vida.

"No se dejen engañar: Las malas compañías corrompen las buenas costumbres." (1 Corintios 15:33)

"Anda con sabios y sé sabio, porque el que se junta con necios sufre daño." (Proverbios 13:20)
- Una buena impartición brinda estabilidad y te hace inquebrantable.
- Brinda aliento mutuo. (Romanos 1:12)
- Te brinda plenitud saber que Dios obra en tu vida y a través de ella.
- Te ayuda a conocer mejor a la persona que te llamó. (Hechos 20:22-29)
- Brinda sanidad y liberación. (Hechos 5:5-15, 19:11-12)

- Recibes gracia no solo para operar en lo sobrenatural, sino también para soportar oposiciones insoportables.
- Nos alivia de cargas pesadas en nuestras asignaciones. (Números 11:16-18, 24, 26)
- Te elevará y te dará visibilidad. (Deuteronomio 34:9)
- La mala impartición desestabiliza, libera el miedo, la incredulidad y la destrucción. (Números 13:31-33)

¿POR QUÉ ES NECESARIA LA IMPARTICIÓN?

1) Vivir con autoridad sobre las fuerzas satánicas que se oponen a tu vida. Hay un adversario contra cada destino (Juan 10:10, 1 Corintios 16:9).

La historia del endemoniado en la región de los gadarenos:

"Una multitud se reunió enseguida alrededor de Jesús, y vieron al hombre que había estado poseído por la legión de demonios. Estaba sentado allí, completamente vestido y en perfectas condiciones de salud, y todos tuvieron miedo." (Marcos 5:15 NTV)

Este hombre, poseído por una legión de demonios, tuvo un encuentro con Cristo que cambió su vida para siempre. Al final de su encuentro con Cristo, se convirtió en un evangelista que predicaba el evangelio de Jesucristo (Mateo 5:18-20).

1. Satanás es real y siempre busca el dominio y la lealtad transgeneracional.

Satanás es un ladrón cuyo propósito final es destruir (Juan 10:10; Apocalipsis 9:11). Los demonios de Satanás entraron en un hombre, y como resultado, lo perdió todo. Vivía entre las tumbas, gritando, cortándose y aterrorizando a otros. Jesús sanó al hombre y demostró que es más poderoso que los demonios que lo poseían.

El hecho de que los demonios supieran quién era Jesús no significa que tengan fe en Él (Santiago 2:19). Desafortunadamente, hay muchas perso nas que saben quién es Jesús, pero no tienen una relación personal con Él.

Jesús restauró al hombre y le dijo que se quedara en su pueblo y compartiera lo que Él había hecho por él. Este hombre se convirtió en un testimonio vivo en su comunidad del poder y la autoridad de Jesús sobre Satanás y sus demonios.

Si estás bajo algún tipo de aflicción demoníaca, la historia del hombre poseído de Gadarenos presenta algunos puntos clave que pueden ayudarte a ser liberado.

(1) Reconoció a Jesús como el Hijo de Dios y corrió hacia Él, no se alejó de Él. (Marcos 5:6)

(2) Posteriormente fue salvo y liberado de una legión de demonios que lo atormentaban. Tras su encuentro con Cristo, recobró la razón y se vistió apropiadamente. (Marcos 5:15)

(3) Lo siguiente que hizo después de su liberación fue sentarse a los pies de Jesús. Tenía el deseo de estar con Jesús y aprender de él. (Marcos 5:15; Lucas 10:39)

(4) Tras un encuentro con Jesús, fue comisionado como evangelista e impactó 10 ciudades. Su historia continúa impactando al mundo. (Marcos 5:18-20)

La impartición es el empoderamiento para superar lo que podría habernos destruido.

Si David no hubiera sido ungido ante Goliat, habría muerto como un necio. (1 Samuel 17)

Jesús no se libró de los ataques satánicos. Satanás siempre está decidido a tentar, destruir, retrasar o entorpecer permanentemente los destinos.

2) Necesitamos impartición para cumplir con las tareas que Dios nos ha encomendado y avanzar sobrenaturalmente, a pesar de la oposición satánica. (Lucas 22:31-32, Hechos 5:15)

Capítulo 3

Las Personas Que Recibimos

La impartición puede tener una influencia enorme y positiva en nuestras vidas. Las personas piadosas te animarán a ser santo e impartirán la influencia de su fe en tu vida.

El objetivo de un líder espiritual no es solo informarte sobre Cristo, sino conformarte a Él. Esto implica no solo instrucción, sino impartir.

Jesús habló del valor de la impartición piadosa cuando enseñó: **«El que os recibe a vosotros, a mí me recibe; y el que me recibe a mí, recibe al que me envió. El que recibe a un profeta por ser profeta, recompensa de profeta recibirá; y el que recibe a un justo por ser justo, recompensa de justo recibirá»** (Mateo 10:40-41)..

Impartición a través de las personas

Podemos recibir impartición mediante encuentros personales y directos con Dios. Debemos anhelar esto y buscar momentos a solas con el Espíritu Santo, ya sea en oración o estudiando la palabra de Dios. Pero la mayoría de las veces, el Espíritu Santo tendrá algo que impartirte a través de otras personas.

Entonces el Señor le dijo a Moisés: «Reúneme a setenta hombres de los ancianos de Israel, a quienes sepas que son ancianos del pueblo y sus jefes, y tráelos a la tienda de reunión, y que permanezcan allí contigo. 17 Y yo descenderé y hablaré contigo allí. Y tomaré del Espíritu que está en ti y lo pondré sobre ellos, y llevarán contigo la carga del pueblo, para que no la lleves tú solo». (Números 11:16-17)

Del texto anterior, vemos que la impartición proviene de Dios, pero se transmite a través de un hombre. El propósito de esta impartición era ayudar a

Moisés a llevar la carga del liderazgo.

La impartición siempre tiene un propósito.

Se realizó para aliviar la carga del visionario y continuar lo que Dios había comenzado.

Es motivo de orgullo que alguien diga: «No necesito hombres; tengo la Biblia y una relación con el Señor». Recuerden siempre que la Biblia fue escrita por hombres inspirados por Dios.

La impartición no reemplaza nuestra relación personal con Dios. Jesús, en sus enseñanzas, dijo que Dios nos recompensará simplemente por nuestra capacidad de recibir a quienes Él envía. (Mateo 10:41)

God warns us about making idols of men. People of exploits are just like you and me; they are in daily need of God's grace. (Acts 14:14-18)

Debemos honrar y apreciar la gracia que ha obrado en ellos a lo largo de los años, sus pruebas y triunfos, y sus expresiones únicas en sus tareas. Dios respalda estos ministerios y fluye a través de ellos para impartir sustancia espiritual a nuestras vidas. La impartición es más efectiva cuando no nos maravillamos de los hombres, sino de Dios, quien usa a hombres y mujeres para impartir sustancia espiritual a otros.

Capítulo 4

Intimidad: La Clave Maestra

"Nada en este mundo se compara con el simple placer de experimentar la presencia de Dios." - A.W. Tozer

"La verdadera intimidad con Dios siempre trae humildad." - Beth Moore

La intimidad con Dios es una relación cercana y personal con Cristo que implica confianza, obediencia y amor. Es más que simplemente asistir a la iglesia o leer la Biblia. Para vivir una vida de impacto, debes cultivar una profunda intimidad con Dios.

Sus sinónimos incluyen cercanía, compañerismo, comunión, amistad, comprensión, compartir, afecto, familiaridad, estar y pertenecer juntos, tanto personal, física como espiritualmente.

Jesús enseñó que tu mayor prioridad debe ser tu relación con Él (Mateo 6:33). Si algo te distrae de esa relación, esa actividad no proviene de Dios. Dios no te pedirá que hagas algo que obstaculice tu relación con Cristo.

En la Biblia, vemos a muchos hombres y mujeres que tuvieron una relación íntima con Dios.

Estuvo Abraham, a quien Dios llamó amigo; David, un hombre conforme al corazón de Dios; María y Marta, amigas de Jesús; Enoc, quien anduvo con Dios; y muchos otros.

Piensa en la declaración de Pablo: **«Porque esta noche estuvo a mi lado el ángel de Dios, de quien soy y a quien sirvo»** (Hechos 27:23).

La pasión de Pablo era conocer a Dios (Fil. 3:8-10).

Llegamos a conocer a una persona más íntimamente a medida que pasamos más tiempo con ella. Lo mismo ocurre con Dios. Cuanto más tiempo pasemos con Dios, más profunda e íntimamente lo conoceremos.

El Señor desea tener intimidad con cada uno de nosotros, y cuanto mejor lo conozcamos, más fácil será nuestro caminar como cristianos.

Claves para fortalecer la intimidad con Dios:

Si encuentras a Dios distante, piensa en quién podría haber cambiado de posición: ¡tú! Las exigencias de la vida diaria pueden ser tan abrumadoras que tu constancia en fortalecer una relación, pasar tiempo con Cristo y profundizar en sus enseñanzas comienza a flaquear.

Alcanzar un estado de verdadera intimidad con Dios requiere:

1. Caminar en el perdón. El perdón no es una sugerencia, sino un mandato. **"Perdona como yo te he perdonado..."** (Mateo 6:14-15). Nuestros sentimientos no deberían determinar si caminamos en el perdón o no.

2. Programar tiempo constante con Dios.
   Cuanto más tiempo pases con alguien, más lo conocerás íntima y profundamente. Enoc tuvo una relación tan profunda con Dios que entró directamente al cielo, sin experimentar la muerte gracias a su íntima conexión con Él. [Ver Génesis 5:22-26]

3. Cultivar un corazón arrepentido
   "Confiesa tu pecado, y Dios es fiel y justo para limpiarnos de toda maldad..." (1 Juan 1:9). ¡No de algunos, sino de todos! No tienes que seguir viviendo en condenación para siempre.

Confiésalo. Sé libre y sigue adelante.

4. Lee tu Biblia para conocer sus caminos
Dios dio a conocer sus caminos a Moisés y sus obras a los hijos de
Israel (Salmo 103:7).

5. Busca su rostro/gloria
La palabra hebrea para "gloria" es kabod, que significa "presencia
imponente". La palabra griega para gloria es doxa, que significa brillo
o resplandor. El resplandor del rostro de Dios era tan intenso que
Moisés tuvo que cubrirse con un velo, porque el pueblo apenas podía
mirarlo a la cara (ver Éxodo 34:29-35).

Cuanta más intimidad tengas, más gloria experimentarás.

OBSTÁCULOS PARA LA INTIMIDAD CON DIOS

Aunque Dios nos invita a un lugar de intimidad con Él, enfrentaremos obstáculos.

«He aquí, yo estoy a la puerta y llamo; si alguno oye mi voz y abre la puerta, entraré a él, y cenaré con él y él conmigo» (Apocalipsis 3:20). Este versículo describe a Dios buscando activamente una relación cercana con las personas, esperando que le den la bienvenida.

1. MALA AUTO-IMAGEN.
Esto se relaciona con sentimientos de vergüenza e indignidad. La
creencia de que no merezco nada bueno del Señor.

"Mefiboset se inclinó y dijo: "¿Qué es tu siervo, para que te fijes en un perro muerto como yo?" (2 Samuel 9:8)

Por favor, lean el capítulo completo; es una historia conmovedora sobre
un príncipe que se convirtió en víctima de las circunstancias. Su situación había cambiado su forma de verse y hablar de sí mismo.

La pregunta que muchos se hacen es: "¿Soy lo suficientemente bueno?".

Si eres creyente y aún luchas con tu autopercepción, por favor lee Hebreos 10:19-22.

2. INCREDULIDAD, a menudo resultado de la FALTA DE ORACIÓN

Nuestras vidas a menudo están limitadas por lo visible, y si no tenemos cuidado, terminamos viviendo por vista y no por fe. Como resultado, nuestros corazones se volverán insensibles a lo que Dios dice sobre nuestras situaciones.

"No se limiten a escuchar la palabra, pues así se engañan a sí mismos." (Santiago 1:22-25)

3. EGOCENTRAMIENTO: Hacer lo que queremos, desear que Dios nos escuche, pero negarnos a escucharlo a Él y a los demás.

"Pide, pero no recibes, porque pides con malos motivos, para gastar en tus placeres." (Santiago 4:3)

La intimidad no es nuestra agenda impuesta a otro, sino **"dos corazones que laten como uno solo"**, sus placeres hechos nuestros.

"Si alguien cierra sus oídos al clamor del pobre, también él clamará, y no recibirá respuesta." (Proverbios 21:13)

La respuesta a nuestro egocentrismo es ABRIR NUESTROS CORAZONES AL CORAZÓN DE DIOS.

"Deléitate en el Señor, y él te concederá los deseos de tu corazón. En comienda al Señor tu camino; confía en él, y él lo hará." (Salmo 37:4-5)

Orar es más alinearse con la voluntad de Dios que enumerar nuestras necesidades.

"Esta es la confianza que tenemos al acercarnos a Dios: que si pedimos algo conforme a su voluntad, él nos oye." (Juan 5:14)

4. RELACIONES NO RESUELTAS CON OTROS

"Porque si perdonáis a los hombres sus ofensas, vuestro Padre celestial os perdonará también a vosotros. Pero si no perdonáis a los hombres sus ofensas, vuestro Padre no os perdonará vuestras ofensas. (Mateo 6:14-15)

La ira y la falta de reconciliación en nuestros corazones pueden bloquear nuestra propia relación con Dios.

La obra de Dios es una invasión de misericordia en un mundo bajo el poder de la condenación.

Si condeno a otros, me identifico con el enemigo y rechazo la obra de Dios.

Dios sabe que si nos aferramos a la injusticia ajena como algo imperdonable, no podemos esperar al mismo tiempo recibir su misericordia y perdón.

"Por tanto, si estás presentando tu ofrenda en el altar y recuerdas que tu hermano tiene algo contra ti, deja tu ofrenda allí, delante del altar. Ve primero y reconcíliate con tu hermano; luego ven y presenta tu ofrenda." (Mateo 5:23-24)

5. PECADO NO CONFESADO

No creo que en ningún momento seamos conscientes de todos nuestros errores inconscientes; sin embargo, en cualquier momento, hay ciertas convicciones de las que Dios probablemente nos hará consciente. Si Él nos señala el problema y no lo abordamos, la intimidad se verá obstaculizada.

Al igual que en una amistad o un matrimonio, cuando ambos saben que hay un asunto que necesita ser discutido, hasta que lo hagan, habrá una sensación incómoda.

Y así es con Dios: no debemos esperar actuar con Él, andar de acuerdo cuando el desacuerdo está presente.

La pregunta bíblica: **"¿Andarán dos juntos, si no están de acuerdo?"** (Amós 3:3) destaca la importancia del acuerdo y un propósito compartido para las relaciones y la comunión exitosas, ya sea entre individuos o con Dios.

Dios quiere ocuparse de eso primero; y debemos SUPERAR NUESTRA EVITACIÓN.

6. DECEPCIÓN NO RESUELTA

—Perdóneme, señor —respondió Gedeón—, pero si el Señor está con nosotros, ¿por qué nos ha sucedido todo esto? ¿Dónde están todas sus maravillas que nos contaron nuestros antepasados cuando decían: "¿No nos sacó el Señor de Egipto?"? Pero ahora el Señor nos ha abandonado y nos ha entregado en manos de Madián." (Jueces 6:13)

Capítulo 5

Algunos Frutos de la Intimidad

Paz Perfecta

"Tú guardarás en completa paz a aquel cuyo pensamiento en ti persevera, porque en ti ha confiado." (Isaías 26:3)

Tener una relación íntima con Dios es garantía de paz perfecta.
Fortaleza Divina: Cuanto más tiempo pasamos en la presencia de Dios, más fuertes nos volvemos espiritual y físicamente.

"El Señor es fuego consumidor." (Hebreos 12:29)

Es a través de su fuego que nos prendemos para realizar hazañas. Dios solo puede encendernos con su fuerza cuando vivimos cerca de su altar.

Empoderamiento para Alcanzar la Grandeza

En el capítulo 2 de Daniel, se relata una situación en la que Daniel, el profeta de Dios, interpretó el sueño del rey sin que este revelara su significado.

Daniel, al interpretar el sueño, salvó la vida de los sabios de Babilonia, junto con la de sus colegas hebreos. Esto le trajo favores y un ascenso.

Influir en la Vida de los Demás Para Bien

Todos los seres humanos somos influenciadores. Nuestras acciones influyen en los demás, y esto puede tener un impacto positivo o negativo. Cuando nos tomamos el tiempo de imitar al Señor a través de una relación, podemos influir en la vida de los demás como lo hizo Jesús. Hoy en día, el mundo anhela personas influyentes en todos los ámbitos de la vida. ¿Serás tú uno de ellos?

Capeando la Tormenta

Se necesita mucha resiliencia para triunfar constantemente en las situaciones de la vida.

La mayoría de las veces, las personas con las que te cruzas en la calle se convierten en lo que son debido a una tormenta en sus mentes que las convence de que no son lo suficientemente fuertes para vencer.

Cuando caminas con el Señor Jesús, es imposible ser un perdedor. Al igual que Job, podrás capear cualquier tormenta.

Dirección y Alegría Divina

"Me mostrarás la senda de la vida; en tu presencia hay plenitud de gozo; delicias a tu diestra para siempre." (Salmo 16:11)

Cuando un creyente ha establecido una relación íntima con el Señor, puede estar seguro de una dirección clara para alcanzar una vida de éxito y expresar el gozo divino.

Buena Salud y Riqueza

2 Crónicas 26:5 - Esta escritura registra que si el rey buscaba al Señor, el Señor lo prosperaría.

"Amado, yo deseo que tú seas prosperado en todas las cosas, y que tengas salud, así como prospera tu alma." (2 Juan 2)

Cuando los cristianos se sumergen en el apetito por todo lo que es de Dios, la buena salud y la riqueza son una promesa.

Desarrollar una relación personal con el Señor no solo es necesario, sino esencial.

Cuando la vida de un cristiano carece de sustancia espiritual, comienza a alejarse de la presencia del Señor. Una relación íntima con el Señor es un camino para todos. Puedes comenzar la tuya hoy mismo.

Capítulo 6

Cómo Afontar La Oposición

El éxito no se mide por lo que logras, sino por la oposición que has enfrentado y la valentía con la que has mantenido la lucha contra adversidades abrumadoras. -Dorothy Height.

Los grandes espíritus siempre se han topado con la oposición violenta de mentes mediocres. -Albert Einstein

"Porque todo lo que se escribió en el pasado se escribió para nuestra enseñanza, a fin de que por la paciencia que se enseña en las Escrituras y el consuelo que ellas brindan, tengamos esperanza." (Romanos 15:4 NVI)

Del texto anterior, queda claro que tenemos una nube de testigos de quienes podemos aprender.

Nehemías 4 es un capítulo clásico sobre cómo lidiar con la oposición. Una vida de impacto enfrentará una oposición severa. Por eso se nos anima a usar toda la armadura de Dios al luchar contra las maquinaciones malvadas de Satanás, ya que el diablo a menudo interfiere con nuestros esfuerzos por obedecer al Señor.

Alguien dijo: «Si nunca has tenido un enfrentamiento directo con el diablo, probablemente sea porque vas en la misma dirección».

La pregunta no es si enfrentaremos oposición, sino más bien: «¿Cómo responderemos cuando la enfrentemos?». ¿Nos mantendremos firmes e inquebrantables en nuestros esfuerzos por contrarrestarla? Podemos elegir resistir las maquinaciones de Satanás o seremos paralizados y derrotados por ellas.

Nehemías 4 ofrece una perspectiva de cómo un hombre común superó la adversidad. Era un funcionario de alto rango que servía como copero del rey Artajerjes I de Persia. Su deber era servir el vino en la mesa real.

Debido a la paranoia que rodeaba las conspiraciones para envenenar a los reyes en aquella época, el copero probó el vino para asegurarse de que no estuviera venenoso.

La responsabilidad de Nehemías como copero dice mucho de su honestidad, integridad, lealtad y confiabilidad. El primer capítulo comienza con el encuentro de Nehemías con su hermano y sus hombres de Judá.

Preguntó por el destino de los judíos que vivían en Jerusalén y que habían sobrevivido al exilio. Le dijeron que no les iba bien. También le informaron que la puerta y las murallas de Jerusalén habían sido destruidas por el enemigo.

Nehemías dejó un trabajo bien remunerado y una vida acomodada para reconstruir la muralla de Jerusalén, gravemente dañada. Tras la destrucción de las murallas, la amenaza que corría la ciudad y el hecho de que su pueblo quedara devastado, desamparado y avergonzado, Nehemías pasó un tiempo a solas llorando, orando y ayunando por su ciudad y su pueblo.

Esto dice mucho del carácter de Nehemías. En su oración, imploró a Dios favor, misericordia y un cambio de circunstancias. Decidido a actuar, solicitó al rey que lo relevara temporalmente de sus funciones para poder partir y comenzar la reconstrucción de las murallas dañadas.

El libro de Nehemías describe un ciclo continuo en el que Nehemías y sus hombres realizan la obra de Dios, y luego surge la oposición. A medida que el proyecto avanza en el capítulo 3, se encuentran retrocesos y avances consecutivos en los capítulos 4 a 6.

Si enfrentas oposición hoy, puede ser una indicación de que estás llevando a cabo la voluntad del Señor y cumpliendo el propósito que Dios te dio. La presencia de oposición no indica que estés en el camino equivocado. Más bien, es una señal de que vas por buen camino.

Después de que Nehemías declaró su intención de reconstruir, la oposición a sus planes surgió rápidamente.

Entre sus oponentes se encontraban Sanbalat, gobernador de Samaria, Tobías, los árabes, los amonitas, los asoditas y el ejército samaritano. Las fuentes externas manifestaron su oposición de diversas maneras y con diversos grados de intensidad.

La primera forma de ataque que vemos se ilustra en Nehemías 4:1.

Afirma que Sanbalat se enfureció muchísimo al enterarse de que estábamos reconstruyendo la muralla. Montó en cólera.

A continuación, se presentan las formas de oposición que encontramos en este proyecto de restauración:

1. Miedo e intimidación; (Nehemías 4:1)

Al principio, Nehemías y sus hombres sufrieron intimidación y miedo. Sanbalat intentaba intimidarlos y ahuyentarlos.

Es exactamente lo que el diablo intenta hacer con los creyentes: intimidarnos. El propósito de su plan es infundirnos miedo para que dejemos de trabajar para el Señor.

Ante el miedo, las personas piadosas no toman las medidas adecuadas.

En la iglesia, este ataque se libra en varios frentes. Algunos creyentes se resisten a compartir su fe con sus familias debido a miedo al rechazo. También les preocupa ser ridiculizados si hablan de Jesús o asisten a la iglesia los domingos. Hay otros que tienen miedo de dar, servir, compartir, perder o pedir ayuda. El miedo nos paraliza y nos mantiene en silencio.

Cómo vencer el miedo:

(1) Necesitamos ser valientes. (Deuteronomio 31:6 y Romanos 8:31). Josué 1:6. El Señor le ordenó a Josué ser fuerte y valiente para guiar a los israelitas a la Tierra Prometida.

Ser valientes depende de dónde o en quién fijemos nuestra mirada.

Una persona sabia dijo una vez: «La valentía es ser el único que sabe que tienes miedo». Alguien más dijo: «El coraje no es la ausencia de miedo, sino vencerlo».

(2) Necesitamos conocer los hechos. 2 Timoteo 1:7: Un espíritu de temor no proviene de Dios. Como se afirma en 2 Timoteo 1:7: El Espíritu de Dios en nosotros no nos hace temer. Más bien, Su Espíritu es una fuente de poder, amor y dominio propio. El miedo nos paralizará y nos impedirá cumplir el destino que Dios nos ha dado. Necesitamos orar constantemente por una renovada valentía, audacia y fe que guíe nuestras vidas.

En Números 13:33, recordamos a los diez espías que vieron al pueblo de Canaán como gigantes y a sí mismos como saltamontes, y que, en consecuencia, dieron un informe desfavorable. Josué y Caleb, por otro lado, dieron un informe positivo. Silenciaron la voz del miedo.

2. Burlas e Insultos

En Nehemías 4:2, Sanbalat preguntó a sus amigos y al ejército de Samaria: "¿Qué hacen esos débiles judíos?". A menudo, el uso de la burla y los insultos nos lleva al desánimo y al abandono de nuestras metas y esfuerzos. Es fácil ignorar las burlas y los insultos que nos lanzan desconocidos, pero si provienen de personas que nos importan, pueden desmoralizarnos, desanimarnos y, en última instancia, hacernos rendirnos.

Proverbios 4:23 nos exhorta a cuidar nuestro corazón, ya que determina el rumbo de nuestras vidas. Es el motor de nuestra motivación.

Saber quiénes somos en Cristo es de suma importancia. Adorar al Señor no es algo de lo que avergonzarse.

En 2 Samuel 6:16, David había traído el Arca del Señor desde la casa de Obed a la Ciudad de David. Como resultado de su intensa alegría, saltó y danzó ante Dios con todas sus fuerzas. No danzó ante los hombres. ¡Danzaba ante el Señor! Cuando Mical miró a su esposo por la ventana, lo despreció por su forma de adorar a Dios. Mical consideró vergonzosas las acciones de David.

Al reunirnos para adorar al Señor, debemos ser conscientes de las personas que nos rodean, pero tampoco debemos tener miedo de expresar nuestra pasión.

3. Dudas. (Nehemías 4:2-3)

Quienes se oponían a los judíos lo hacían para sembrar dudas y hacerles sentir que sus esfuerzos eran inútiles. Su propósito era poner en duda toda su misión. Por lo tanto, si el diablo no puede intimidarnos, burlarse ni insultarnos, recurrirá a las dudas para hacernos retroceder. La única manera de contrarrestar este tipo de oposición es conocer la voluntad de Dios.

Muchas personas en la Biblia son descritas como personas de fe. Mediante la obediencia a la Palabra de Dios y la confianza en el Espíritu Santo, podemos adquirir la mente de Cristo.

A menos que comprendamos claramente la voluntad de Dios, nos dejaremos llevar por las dudas y permitiremos que las circunstancias determinen el curso de nuestras vidas en lugar de nuestra fe.

4. Confusión. (Nehemías 4:7-8)

Una de las estrategias más efectivas de Satanás es causar confusión en la familia, el matrimonio, las amistades, el trabajo, la escuela y la iglesia.

Si el enemigo no logra intimidarnos, si no logra hacernos dudar de Dios y de sus promesas, intentará causar confusión en nuestras vidas.

Esto se debe a que la confusión juega un papel importante en el ataque. Hasta ahora, los ataques han sido externos, pero la confusión es un ataque que surge de donde menos se espera.

Para que el diablo logre su objetivo, el caos debe reinar en el interior. El caos es la clave del éxito del diablo.

La triste realidad es que parece ser una herramienta eficaz en los matrimonios, las familias y las iglesias de hoy, lo que nos lleva a perder de vista al verdadero enemigo.

Por lo tanto, es más importante que nunca que nos comprometamos a fortalecer la unidad de nuestros matrimonios, nuestras familias, nuestros grupos pequeños y nuestras iglesias, porque juntos somos más fuertes. (Juan 17:20-23 y Nehemías 4:9). Así fue como Nehemías enfrentó los ataques del diablo. Como dice Nehemías 4:9: **"Ora-**

mos a nuestro Dios y designó guardias para vigilarlos día y noche".

Así es como debemos afrontar la guerra espiritual. Siempre que costruímos algo, debemos protegerlo y defenderlo.

La oración fue la respuesta de Nehemías a cada ataque. A pesar de la oposición que encontró, perseveró.

5. Distracciones. (Nehemías 6:1-3)

Los enemigos de Nehemías intentaban persuadirlo a él y a sus hombres para que libraran otra batalla. Su objetivo era distraer a Nehemías de su trabajo para poder hacerle daño y atacarlo.

Su respuesta demostró su compromiso con el Señor. Él respondió: **«Estoy haciendo una gran obra y no puedo ir. No quiero que la obra se detenga mientras voy a reunirme con ustedes».** Deberíamos adoptar el mismo enfoque.

6. Mentiras. (Nehemías 6:13)

A pesar de los mejores esfuerzos de sus enemigos, todos sus intentos fracasaron. Aunque Nehemías y sus hombres enfrentaron dificultades, no se desanimaron. Incluso ante el desánimo, Nehemías continuó animándolos a confiar en Dios.

Como resultado, sus enemigos comenzaron a inventar y difundir mentiras sobre él y a atacar su integridad. Su intención era afirmar que Nehemías intentaba establecer su propio pequeño reino y alertar al rey sobre sus actividades. El plan era difundir rumores y conspiraciones sobre él.

Nehemías continuó trabajando a pesar de los constantes ataques. Ese es el curso de acción apropiado que debemos seguir. Es importante que no permitamos que las acciones del enemigo distraigan nuestra atención, independientemente de lo que esté haciendo en el mundo.

Nuestro enfoque principal debe estar en el Señor, y los asuntos de nuestro Padre deben ser nuestra principal preocupación.

Nuestra fidelidad a lo que él nos ha llamado a hacer es imperativa si queremos cumplir nuestro llamado y usar lo que nos ha dado para su gloria.

En tan solo 52 días, Nehemías y sus hombres reconstruyeron el muro que había estado en ruinas durante 70 años.

Consideren lo siguiente: ¿Qué obstáculos debemos superar? ¿Qué nos impide reconstruir los muros destruidos en nuestras propias vidas?

Mientras Nehemías atravesaba todo esto, nunca supo que estaba impactando no solo a la ciudad de Jerusalén, sino también a las generaciones venideras. Debemos ver cada oposición como una oportunidad para experimentar el poder de Dios en nuestras vidas y a través de ellas.

Si enfrentas oposición ahora, estas son grandes lecciones que nos animan a convertirla en un testimonio generacional impactante.

Capítulo 7

Base Bíblica Para La Mentoría

Aunque el término "mentor" no se encuentra en la Biblia, existen muchos ejemplos de personas más sabias y experimentadas en los caminos del Señor que actúan como mentores de personas más jóvenes o más nuevas en la fe. Exploraremos numerosos ejemplos notables de la Biblia que nos inspirarán a ser mentores y a estar abiertos a aceptar la mentoría.

La fuente fundamental de la verdadera transformación de la vida es el Espíritu Santo, combinado con la Palabra de Dios, utilizada con habilidad y oración por quienes son llamados a ser mentores. Los mentores son agentes de cambio que acompañan a sus discípulos, modelando cómo vivir una vida cristiana victoriosa.

EL PROPÓSITO DE DIOS PARA LA MENTORÍA

La mentoría es mucho más que simplemente compartir conocimiento sobre Dios. También implica guiar a otros a amarlo y servirlo.

En el Antiguo Testamento, Dios estableció un modelo bíblico de mentoría dentro de las familias para asegurar que la fe en el único Dios verdadero y vivo se transmita de generación en generación.

Escucha, Israel: El Señor nuestro Dios, el Señor uno es. Ama al Señor tu Dios con todo tu corazón, con toda tu alma y con todas tus fuerzas. Estos mandamientos que te doy hoy estarán grabados en tu corazón. Graba en tus hijos estos mandamientos. Habla de ellos cuando te sientes en casa y cuando andes por el camino, al acostarte y al levantarte. Átalos como símbolos en tus manos y en tus frentes. Escríbelos en los postes de tus casas y en tus portones. (Deuteronomio 6:4-9)

En el Nuevo Testamento, Jesús añadió otra dimensión a este proceso de aprendizaje relacional. Extendió este mandato a la comunidad y explicó el propósito principal de la mentoría.

Maestro, ¿cuál es el gran mandamiento de la Ley? Jesús respondió: «Amarás al Señor tu Dios con todo tu corazón, con toda tu alma y con toda tu mente. Este es el primero y el mayor mandamiento. Y el segundo es semejante: Amarás a tu prójimo como a ti mismo. De estos dos mandamientos dependen toda la Ley y los Profetas». (Mateo 22:36-40)

Las relaciones son el principal medio que Dios estableció para aprender y preservar sus mandamientos. Desafortunadamente, estas relaciones estrechas a menudo faltan en la sociedad actual. La mentoría es una forma de educar a otros en el conocimiento y los caminos de Dios.

"Mejores son dos que uno, porque obtienen mejor recompensa por su trabajo: Si uno cae, el otro levanta al otro. Pero ten piedad del que cae y no tiene quien lo levante." (Eclesiastés 4:9-10)

"Como el hierro se afila con el hierro, así una persona afila a otra." (Proverbios 27:17)

"Yo mismo estoy convencido, hermanos míos, de que ustedes mismos están llenos de bondad, llenos de conocimiento y son competentes para instruirse unos a otros." (Romanos 15:14)

Jesús, El Mayor Mentor

Jesús modeló y demostró los principios de la mentoría en el contexto de las relaciones. Nos brindó un excelente ejemplo de cómo ser mentor. Jesús impartió conocimiento y valores mediante sus palabras y acciones. Mostró a sus discípulos que los valores del reino de Dios eran distintos de los del mundo.

Lee la historia de un hombre cuya mano seca fue completamente restaurada (Mateo 12:9-13).

Lee la historia de cuando abrazó a niños (Mateo 19:13-15).

Jesús enseñó a sus discípulos que debían ser siervos. Les mostró el comportamiento que quería que imitaran, haciéndolo primero él mismo.

Lee sobre cuando lavó los pies a sus discípulos (Juan 13:3-5, 12-15).

Les he dado un ejemplo para que lo sigan, como yo lo he hecho con ustedes.

Jesús envió a sus discípulos a ministrar después de haber pasado tiempo con él. Quería que practicaran lo que les había mostrado.

"Cuando Jesús convocó a los Doce, les dio poder y autoridad para expulsar a todos los demonios y sanar enfermedades, y los envió a proclamar el Reino de Dios y a sanar a los enfermos. Así que se pusieron en camino y recorrieron las aldeas, proclamando la buena nueva y sanando a la gente por todas partes." (Lucas 9:1-2, 6)

Otros Mentores en La Biblia

En Éxodo 18, Jetro, el suegro de Moisés, actuó como mentor tras observar a Moisés intentando resolver todas las disputas entre los israelitas.

Al principio de su viaje por el desierto, Moisés comenzó a ser mentor de Josué. Años más tarde, Dios eligió a Josué para convertirse en el próximo líder de los israelitas porque llevaba el espíritu de Moisés y había sido preparado para el liderazgo mediante la mentoría. (Deuteronomio 31 y 34)

Eliseo se preparó para su ministerio profético gracias a su estrecha relación con el profeta Elías. Cuando Elías fue llevado al cielo, su manto cayó sobre

Eliseo, y recibió una doble porción del espíritu de su mentor. (1 Reyes 19 y 2 Reyes 2)

El libro de Rut describe a Noemí como mentora de Rut, su nuera moabita. Rut tenía un vínculo tan estrecho con Noemí que se negó a abandonarla por ningún motivo. Noemí ayudó a Rut a aprender las leyes y costumbres de los israelitas.

Lucas nos cuenta que Isabel, la madre de Juan el Bautista, fue mentora de María después de que esta supiera que sería la madre de Jesús. Isabel, llena del Espíritu Santo, reafirmó la obra de Dios en la vida de María (Lucas 1).

Bernabé fue mentor de Pablo cuando este era un nuevo cristiano. Posteriormente, fueron enviados como misioneros a Chipre. El apóstol Pablo se convirtió en un destacado líder espiritual y escribió 14 libros del Nuevo Testamento (Hechos 4, 9, 11).

Pablo fue mentor de Timoteo y lo describió como alguien con un mismo sentir en su dedicación al servicio de Dios. Su vínculo era tan fuerte que Pablo lo describió como una relación padre-hijo (Hechos 16, Filipenses 2, 1 y 2 Timoteo).

Capítulo 8

El Proceso de la Mentoría

Las necesidades espirituales de cada persona son muy diversas. Debemos conectar con ellas donde se encuentran espiritualmente, en lugar de esperar que acudan a nosotros.

Aunque muchas personas afirmen haber nacido de nuevo, aún podrían aferrarse a hábitos, actitudes y puntos de vista mundanos (1 Corintios 3:1-3).

Los mentores deben ejemplificar los principios bíblicos a sus aprendices, mostrando cómo Dios quiere que vivamos y poniendo en práctica el cristianismo (1 Pedro 5:1-3; Hebreos 10:24-25).

Los aprendices pueden considerar pedir consejo como una señal de debilidad. Sin embargo, los mentores deben estar dispuestos a brindar perspectivas y sugerir alternativas, teniendo en cuenta que, en última instancia, los aprendices deben tomar sus propias decisiones.

"La enseñanza del sabio es fuente de vida, que libra al hombre de las trampas de la muerte." (Proverbios 13:14)

"Por falta de consejo, los planes fracasan, pero con muchos consejeros prosperan." (Proverbios 15:22)

Cuando los aprendices buscan ayuda, los mentores los guían a buscar respuestas en Dios y su palabra. (Salmo 1:1-3, 2 Timoteo 3:16-17)

Y lo más importante, los mentores les demuestran a sus aprendices que Dios es nuestra fuente suprema y más importante de sabios consejos. (Juan 14:16-17, 26)

"Si alguno de ustedes tiene falta de sabiduría, pídala a Dios, quien da a todos abundantemente y sin reproche, y le será dada." (Santiago 1:5)

EL MISTERIO DE LA MENTORÍA

Un mentor es alguien que ofrece ayuda o consejo a una persona más joven o con menos experiencia a lo largo del tiempo. Sus responsabilidades incluyen brindar orientación, consejos, retroalimentación y apoyo.

También servirá como su modelo a seguir, maestro, consejero, asesor, patrocinador, defensor y aliado, brindándole herramientas para convertirse en una mejor versión de sí mismo.

Construyendo una buena relación entre mentor y aprendiz

Confidencialidad:
Ambas partes deben mantener la confidencialidad. Esto se basa en la confianza, el respeto mutuo y un compromiso compartido con el aprendizaje.

Seguimiento y actualización:
Los aprendices siempre deben extraer conclusiones de cada conversación. Esto ayuda a establecer un plan de acción y a generar impulso para su próxima reunión.

Un mentor no solo debe ser un modelo positivo a seguir, sino que también debe saber cómo brindar orientación eficaz. De igual manera, el aprendiz debe desear esta orientación y estar dispuesto a aprender.

El aprendiz debe identificar un conjunto específico de habilidades que desee desarrollar. Si desea mejorar en un área en particular, busque un mentor que pueda guiarlo en esa habilidad.

Las reuniones regulares son esenciales para mantener el progreso y la consistencia en la relación.

Cumplir objetivos:
La prioridad de un mentor es ayudar a sus aprendices a alcanzar sus metas.
El objetivo principal es ayudar al aprendiz a lograr sus objetivos.
La confianza se construye mediante la interacción.

Un aprendiz quiere aprender no solo cómo, sino también por qué, y un mentor tiene la responsabilidad de despertar su instinto creativo.

Esto conducirá a un rápido crecimiento, y se abordarán diversos temas rápidamente durante las sesiones de preguntas y respuestas.

Facilitar oportunidades de aprendizaje:
La mentoría implica transferir conocimientos, por lo que los mentores deben crear un entorno de apoyo y utilizar habilidades de escucha activa.

Ofrecer retroalimentación en ambas direcciones:
Tanto el mentor como el aprendiz tienen la responsabilidad mutua de compartir la retroalimentación.

Por muy buenos que sean los consejos del mentor, si no se ponen en práctica, ¡no sirven de nada!

Compartir valores fundamentales:
Cuando una de las partes tiene valores incompatibles, no se puede avanzar.

Capítulo 9

¡Perseverancia!

"Y corramos con perseverancia la carrera que tenemos por delante. Consideren a aquel que soportó tal oposición de parte de los pecadores, para que no se cansen ni desfallezcan." (Hebreos 12:1-3)

La perseverancia no nos libra del dolor ni de las dificultades, sino que nos da calidad de vida y un testimonio en medio de los problemas.

Cuando desarrollamos la mentalidad espiritual de la perseverancia bíblica, lo que experimentamos se convierte en aquello a través de lo cual crecemos y trae una bendición a nuestras vidas.

Una carrera es una buena analogía porque tiene un principio y un fin. Quienes corren la carrera la corren toda. No solo empiezan, sino que la terminan.

Para terminar, se necesita un espíritu de perseverancia. Perseverar durante una carrera significa superar las emociones. Todos los corredores experimentan momentos en los que sus cuerpos quieren rendirse y tienen pensamientos y sensaciones de que no tendrán éxito. Necesitan fortaleza mental para mantenerse en la carrera. Con el tiempo, sus cuerpos cambian a medida que deciden perseverar.

La perseverancia es una elección. No se logra sin un acto de voluntad. Cuando los corredores deciden continuar, llega un momento en que recuperan fuerzas, lo que les permite seguir adelante. Este segundo aire es un fenómeno en el que un atleta, sin aliento y demasiado agotado para continuar, experimentando lo que se llama llegar al límite, de repente encuentra la fuerza para seguir adelante con menos esfuerzo.

Solo quienes perseveren en estas competiciones deportivas podrán rendir al máximo, y lo harán con menos esfuerzo.

Lamentablemente, muchas personas se dan por vencidas demasiado pronto. Abandonan su fe, sus sueños, sus relaciones, su salud y sus carreras por el dolor. Quienes perseveran desarrollan una capacidad extraordinaria para perseverar.

Si tan solo dieran un paso más, fueran un poco más allá y confiaran plenamente en Jesús en cada situación, dedicando su corazón, mente y fuerzas, creo que ese "segundo aire" vendría en forma del Espíritu Santo, quien los guiaría adonde nunca podrían llegar por sí solos.

Razones por las que debes perseverar:

1. Elegimos perseverar porque tenemos una tarea que cumplir. Dios tiene un plan para nuestras vidas, y estamos aquí por una razón: impactar a los demás.

   ¿Qué pasaría si los escritores de los Evangelios se hubieran dado por vencidos? ¿Dónde estaría la Iglesia hoy sin su dedicación, sus escritos o sus testimonios?

   Necesitas perseverar para que, cuando hayas hecho la voluntad de Dios, recibas lo que él ha prometido. [Hebreos 10:36].

2. Perseveramos porque hay promesas que recibir.

   La perseverancia es una puerta a las promesas de Dios, y esto requiere fe.

   Hebreos 10:36-37: **"Deben perseverar para que, después de hacer la voluntad de Dios, reciban lo que él ha prometido. Porque**

«dentro de muy poco, el que ha de venir vendrá y no tardará». Y no me complace el que retrocede. Pero nosotros no somos de los que retroceden y son destruidos, sino de los que tienen fe y son salvos.

Son aquellos que viven por fe, creen en las promesas de Dios y saben que, al otro lado de la meta y durante todo el camino, por intenso que sea, se convierten en objeto del agrado de Dios.

"Y sin fe es imposible agradar a Dios, porque es necesario que el que se acerca a él crea que él existe y que recompensa a quienes lo buscan." (Hebreos 11:6)

3. Perseveramos porque hay Alguien en quien creer. Dios dice que lo lograrás.

Considera a aquel que soportó tal oposición de los pecadores, para que no te canses ni desmayes. [ver Hebreos 12:3]

Jesús venció el pecado, el infierno, la muerte y a Satanás; Él es el máximo ejemplo de perseverancia. Él te permitirá hacer lo mismo. [Isaías 40:28-31]

Te cansarás. Tropezarás. Incluso podrías caer, pero si confías en el Señor, Él te dará lo que necesitas para seguir adelante hasta que termines la carrera que Él te ha puesto por delante.

Capítulo 10

Claves Para La Perseverancia

Todos hemos escuchado los aplausos reverentes que se escuchan cuando un esposo y una esposa anuncian que llevan 50 años juntos.

He visto a personas que empiezan bien siguiendo a Jesús y luego se alejan. La gente se aleja por muchas razones, la mayoría relacionadas con la falta de perseverancia. Algunos han enseñado que una vez que te conviertes en cristiano, estás acabado; siempre eres salvo y no puedes dejar de entrar al cielo. ¡Esa es una enseñanza falsa! Somos salvos para ser como Jesús. ¡Es un camino que dura toda la vida!

La perseverancia, junto con sus sinónimos como perseverancia, longanimidad o paciencia, aparece a lo largo de la Biblia como una virtud cristiana. También se menciona como un fruto del Espíritu (Gálatas 5:22).

1. Espera dificultades en la vida

   Jesús prometió que habría pruebas (Juan 16:33). El éxito no es fácil. Nuestros primeros padres pecaron y sumieron al mundo en la oscuridad. El trabajo y el esfuerzo se han convertido en parte integral de la vida humana.

   Satanás estableció un reino cuya cultura se opone firmemente a todo lo que es piadoso. Es cierto que las puertas del infierno no prevalecerán contra nosotros, pero sí nos resisten. (Mateo 16:17-19)

2. Entiende los propósitos de Dios en las dificultades. (Romanos 8:28) **"Nos gloriamos en los sufrimientos, sabiendo que el sufrimiento produce esperanza."** (Romanos 5:3)

La Biblia nos da razones por las que Dios permite las dificultades (Hebreos 12:7-11; Santiago 1:2). Conocer estas razones fortalece nuestra fe con lo necesario para la perseverancia.

3. Considera la perseverancia de los demás
Sin duda, el ejemplo de hombres y mujeres fieles tiene un gran poder motivador (Hebreos 12:1).

Lee sobre estos gigantes, tal como se documentan tanto en la Biblia como en la historia de la iglesia. Encuentra aliento para tu propia perseverancia en sus ejemplos.

4. Considera a Jesús
La perseverancia es nuestra respuesta a aquel que sufrió por nosotros.

A diferencia de cualquier otro, Jesús lo soportó todo para salvarnos. **«Corran la carrera con perseverancia... puestos los ojos en Jesús... quien por el gozo puesto delante de él soportó la cruz»** (Hebreos 12:1-2).

Si Jesús se entregó por completo por ti, ¿no deberías tú responder entregándote por completo por Él?

5. Considera el honor de la perseverancia.
Estar asociado con Jesús en su sufrimiento es algo que los santos del Nuevo Testamento deseaban.

Soportar las dificultades por Cristo no es motivo de lástima.

Se considera un privilegio y honorable. (Colosenses 1:24). Pablo se regocijó porque recibía el honor de ser afligido con las aflicciones destinadas a Cristo.

De igual manera, Pedro y Juan se alegraron de soportar dificultades por causa de Jesús (Hechos 5:41). Nosotros también deberíamos desear tener este honor cuando lleguen las dificultades.

6. Fija tu mirada en las recompensas eternas
Dios no nos ha llamado a soportar luchas sin propósito. Hay recompensas eternas que se suman a nuestras cuentas según nuestra perseverancia. **«Esta leve tribulación momentánea produce en nosotros un eterno peso de gloria que sobrepasa toda comparación»** (2 Corintios 4:17). Un momento de gloria allí compensará las dificultades que soportamos aquí.

7. Apóyate en la iglesia local
Dios llama a los santos a ayudar a otros santos a mantenerse cerca de Jesús. Esta ayuda a menudo se manifiesta en una iglesia local, **«no dejando de congregarnos... sino exhortándonos unos a otros, y tanto más al ver que aquel día se acerca»** (Hebreos 10:24). Invita a otros a unirse y esto aliviará la carga de la perseverancia.

Si queremos ser como Dios nos manda, debemos **"soportar penalidades como buenos soldados de Jesucristo"** (2 Timoteo 2:3).

Puede que recurramos a Dios por desesperación, pero ¿realmente lo seguimos y decidimos en nuestro corazón que seguiremos adelante?

La perseverancia no se da en el "si".

Algunas personas no van a la iglesia si su programa o equipo favorito juega, mientras que otras planifican sus actividades en torno a la obra del Reino. Estas últimas son las que buscan la madurez.

La perseverancia exige un cambio de estilo de vida.

Al comenzar a seguir, necesitas eliminar todo lo que obstaculiza tu crecimiento para llegar a ser como Jesús. Debes priorizar tu salud espiritual. La perseverancia requiere que busques la comunión con regularidad.

Nos necesitamos unos a otros y necesitamos momentos regulares de adoración colectiva.

La perseverancia requiere construir las relaciones adecuadas.

Algunas relaciones nos alejan de Jesús. Exigen nuestro tiempo y atención, nos impiden adorar, comprometen nuestra moral y generan amargura, ira y falta de amor.

Desafortunadamente, algunas de estas relaciones se dan dentro de la familia. Necesitamos relaciones que nos animen y fortalezcan.

La perseverancia exige un plan personal y saludable de lectura bíblica.

Este es probablemente el factor más importante para una vida espiritual saludable.

Dedicar tiempo diario a la Palabra de Dios nos fortalece. Aprendemos cómo debemos vivir y cómo Dios puede ayudarnos a vivir la vida que Él quiere para nosotros.

La perseverancia exige que desarrollemos un estilo de vida vibrante de oración.

La oración es una comunicación vital con Dios. Es nuestra forma de expresar adoración y alabanza. Recuerda siempre que estás comprometido, pase lo que pase. Él es fiel y te guiará en tu camino.

Capítulo 11

Actitud: ¡La Clave Del Éxito!

El factor importante y decisivo en la vida no es lo que nos sucede, sino la actitud que adoptamos ante lo que sucede. - Zig Ziglar

Una actitud amplia puede clasificarse como positiva, negativa o neutral. Se define como una forma estable de pensar o sentir sobre algo, una postura mental ante un hecho o situación. Es fácil tener una buena actitud cuando todo marcha bien. En tiempos difíciles, mantener una actitud positiva se vuelve más difícil, pero es crucial que lo hagamos.

La forma en que reaccionamos ante las situaciones que nos rodean influye en nuestro éxito o fracaso. Por eso, algunas personas salen ilesas de las pruebas y dificultades, mientras que otras, devastadas por las mismas circunstancias, se renuevan en nuestra actitud mental. [Ver Efesios 4:23 NVI]

La Biblia Viviente dice: **"Sus actitudes y pensamientos deben cambiar constantemente para mejor"**.

La Biblia Amplificada dice: **"Y renuévense constantemente en el espíritu de su mente** [teniendo una actitud mental y espiritual fresca]".

Este versículo muestra claramente que si no tenemos la actitud espiritual correcta, nuestra actitud mental también será equivocada.

Tres principios clave sobre la actitud que debemos comprender:

1. La actitud es una elección. Las actitudes no las controlan las circunstancias, sino nuestras decisiones.

2. Las actitudes moldean quiénes somos y lo que podemos lograr. Todos deberíamos cultivar una actitud de «**No puedo ser derrotado y no me rendiré**». «**Todo lo puedo en Cristo que me fortalece**». (Filipenses 4:13). Tu actitud determina cómo ves la vida.

3. Tu actitud tiene el poder de transformar tu vida. Lo más importante que podemos hacer en cualquier situación es cuidar nuestra actitud, ya que nos ayudará a tener éxito o nos llevará al fracaso.

Comprométete a diario a desarrollar una actitud ganadora. Cultivar la fe nos ayuda a superar cualquier problema. Cultivar el amor nos permite afrontar cualquier dificultad en nuestras relaciones. Con Dios de nuestro lado, podemos superar cualquier obstáculo.

Factors that influence our attitudes include strongholds in our lives, our imaginations, circumstances, and what we expose our minds to.

Cuando desterramos los pensamientos que se oponen a la Palabra de Dios, evitamos que se formen fortalezas en nuestra mente. (2 Corintios 10:4-5)

En Números 14:24, Josué y Caleb se salvaron de morir en el desierto porque tenían un espíritu diferente al de los demás. La palabra "espíritu" en ese versículo se traduce como "actitud" en la Nueva Traducción Viviente. Podemos describir la actitud de Caleb como una confianza plena en Dios, y es un rasgo positivo.

Esta historia nos enseña que las actitudes de los demás pueden frenarnos, pero es nuestra actitud la que, en última instancia, decide hasta dónde llegamos o lo que logramos al final. Solo Josué y Caleb, de 600.000 hombres, entraron en la tierra prometida.

No importa cuán difícil sea el viaje, nuestra actitud decide hasta dónde podemos llegar.

La actitud es muy importante en nuestro camino por la vida (Proverbios 23:7, Efesios 4:23, Nehemías 8:10, Mateo 18:21-22).

El diccionario Webster define *actitud* como *"una manera de actuar, sentir o pensar que muestra la disposición, opinión, etc. de uno. Las actitudes son una elección, crean hábito y son contagiosas".*

Algunas de las actitudes negativas que te afectan directamente incluyen tu persona, tus relaciones, tus circunstancias, tu familia y tu vida. Estas pueden manifestarse como infelicidad, desánimo, quejas, conflictividad, preocupación, depresión, ansiedad, desesperación, actitud defensiva, quejas, sentimiento de derrota, decepción persistente, tristeza e ira incontrolable.

Tu actitud refleja tu disposición, perspectiva y carácter.

"Porque cual es su pensamiento en su corazón, tal es él..." (Proverbios 23:7)

La palabra «corazón» proviene del hebreo «nephesh», que se traduce como «alma» y se refiere a los deseos, pasiones, apetitos y emociones internos de una persona. Y, como «piensa», la palabra «shaar» significa calcular o considerar, lo que describe lo que una persona considera, imagina, siente o considera.

Esto significa que lo que una persona considera, siente o considera de sí misma forma parte de su carácter y se refleja en su actitud.

La actitud de una persona refleja su carácter más que sus palabras.

Nuestra actitud importa más que el pasado, la educación, el dinero, las circunstancias, los fracasos, los éxitos o lo que piensen, digan o hagan los demás. La actitud determinará el éxito o el fracaso de un matrimonio, una familia, una amistad, una empresa, una iglesia y muchos otros proyectos.

No podemos cambiar nuestro pasado ni la forma en que actúan las personas, pero sí tenemos control sobre nuestra actitud todos los días.

"Y renovaos en el espíritu de vuestra mente", que se traduce mejor en la (NVI) como **"Sean renovados en la actitud de su mente"**. (Efesios 4:23 RV)

La palabra «mente» deriva de «nous», que no se refiere solo a nuestra capacidad intelectual ni a cómo pensamos; más bien, «nous» abarca nuestro razonamiento, sentimientos y voluntad en conjunto. «Nous» representa nuestro temperamento y carácter: nuestra actitud.

Nuestras actitudes siempre conducen a acciones o reacciones.

¿Acaso no entienden que todo lo que entra por la boca va al estómago y se elimina? Pero lo que sale de la boca, del corazón sale, y contamina al hombre. Porque del corazón salen los malos pensamientos, los homicidios, los adulterios, la fornicación, los robos, los falsos testimonios, las blasfemias. Estas son las cosas que contaminan al hombre, pero comer con las manos sin lavar no lo contamina. (Mateo 15:17-20)

Nuestras actitudes revelan lo que realmente nos gusta. Cuando tengo una actitud negativa, desagradable y crítica, ese soy yo de verdad, y cuando tú la tienes, ese eres tú de verdad.

No tenemos una actitud solo porque hayamos tenido un mal día. La razón por la que tienes una mala actitud es por la negatividad que llevas dentro.

Es como una jarra de agua con la tapa suelta. Al agitarla, el agua se derrama. ¿Por qué se derramó el agua? Porque la tapa estaba suelta, y al agitarla, el agua salió.

Lo que hay dentro es lo que sale cuando se agita. Eso es lo que nos dice Jesús.

Lo que hay dentro se derrama. Como una jarra de agua con la tapa suelta, una mala actitud eventualmente se traducirá en acciones negativas: palabras y acciones destructivas.

En Números 12:1-11, leemos sobre dos hermanos y una hermana. Uno de ellos, Moisés, tenía una buena actitud. La Biblia dice que «**Moisés era el hombre más humilde de la tierra**». En otras palabras, Moisés trataba a la gente como él quería ser tratado. El otro hermano, Aarón, y su hermana, Miriam, tenían malas actitudes, que con el tiempo se manifestaron. Miriam parece haber tenido la peor actitud y contagiado a su hermano, Aarón.

Miriam y Aarón comenzaron a hablar mal de Moisés a causa de su esposa cusita. Estos eran familiares en quienes Moisés creía poder confiar, pero actuaron a sus espaldas, criticándolo y causando problemas entre el pueblo de Dios contra su hermano Moisés.

El hecho de que Moisés se casara con una esposa cusita no era el verdadero problema; simplemente molestó a Miriam. Era solo un problema superficial, una excusa para encubrir el verdadero problema: la mala actitud de Miriam desde hacía mucho tiempo, que provenía de los celos hacia su hermano Moisés y su liderazgo. Aarón siguió la corriente porque también albergaba celos.

Nuestras actitudes nos ayudarán a: construirnos o destruirnos, sanarnos o herirnos, hacernos amigos o enemigos, hacernos felices o miserables, y traernos éxito o fracaso.

Las actitudes determinan nuestros sentimientos y pensamientos.

Es fundamental reconocer que podemos elegir nuestra actitud.

PODEMOS CONTROLAR NUESTRAS ACTITUDES

"Este día es santo para nuestro Señor." (Nehemías 8:10)

No te aflijas, porque el gozo del SEÑOR es tu fortaleza. La frase "no te aflijas" se refiere a fabricar o moldear (en sentido negativo) la preocupación, el dolor, la tristeza o la ira. Porque el gozo y la alegría de Yahvé/Jehová son nuestra fortaleza, es decir, nuestro refugio, protección, fortaleza y defensa.

Este pasaje muestra que podemos elegir preocuparnos, sentir tristeza o ira, o buscar refugio, protección y defensa en el Señor.

A menudo, nuestros problemas son reales, y no solo fabricamos ni exageramos sentimientos malos, dolorosos, dolorosos o de ira. Sin embargo, la fabricación y el moldeamiento entran en juego en cómo elegimos manejarlos, crear más de ellos, aumentarlos y seguir viviendo en ellos.

Todos conocemos el dicho: "La gente herida hiere a la gente". Pero ¿qué pasa si decido no sufrir más, sino que entrego mi dolor al Señor y le pido que me libre de esos sentimientos dolorosos? Él lo hace, y ya no sufro, así que ya no lastimo a nadie más. Las malas actitudes pueden robarnos la alegría y ponernos de mal humor, llenos de sentimientos negativos, y apartar la mirada de Dios. Esta es una razón más para presentar nuestras malas actitudes al Señor en oración (Salmo 34:17-18).

Desarrollando una Buena Actitud

1. Identifica y arrepiéntete de tus malas actitudes

   "Arrepiéntete, pues, de esta tu maldad, y ruega a Dios, si quizás te sea perdonado el pensamiento de tu corazón." (Hechos 8:22)

   La palabra "pensamiento" aquí se refiere al diseño o intención, y al corazón.

Este no es el órgano que bombea sangre, sino que simboliza el ser interior o el carácter. Representa tu actitud, estado de ánimo y disposición como persona. Todos conocemos a esas personas que siempre parecen estar enojado, deprimido, triste, contencioso, celoso, preocupado, ansioso, en conflicto, preocupado, problemático, esforzado, etc.

Podemos y debemos arrepentirnos y orar para que Dios cambie nuestro diseño, nuestra intención y nuestro ser interior, ayudándonos a superar estas actitudes negativas y dándonos una actitud transformada: una de gozo y alegría en Él.

Durante muchos años, cada mañana comenzaba mi día recitando el Salmo 118:24: **«Este es el día que hizo el Señor. Nos gozaremos y nos alegraremos en él».**

Además, Lamentaciones 3:22-23 dice: «El amor inagotable del Señor nunca cesa; sus misericordias nunca se agotan; son nuevas cada mañana; grande es tu fidelidad».

Esto me ayuda a empezar el día con mejor actitud antes de ser bom bardeado con todos los eventos del día.

2. Somete tus actitudes a Dios (2 Corintios 10:4-5).

Las fortalezas son creencias que se forman en nuestra mente a través de nuestro razonamiento y sentimientos, y que hemos reforzado en nuestro interior.

Los pensamientos y sentimientos negativos son el origen de las fortalezas. Si meditamos en estos pensamientos y sentimientos, estos crean fortalezas, que son razonamientos erróneos que se reflejan en nuestras actitudes.

Proverbios 23:7 dice: "**...porque cual es su pensamiento en su corazón, tal es él**".

La batalla está en el "argumento" o, en la versión RV, en la "imaginación". La palabra "argumento" o "imaginación" es logismos, que significa "razonamiento hostil". Debemos luchar contra el razonamiento erróneo, como los sentimientos y emociones que intentan llevarnos a tener malas actitudes hacia algo o alguien.

Pedro le preguntó a Jesús: "Señor, ¿cuántas veces debo perdonar a mi hermano cuando peca contra mí? ¿Siete veces?". Jesús respondió: **"No te digo hasta siete, sino hasta setenta veces siete"** (Mateo 18:21-22).

La respuesta de Jesús a Pedro sobre el número de "setenta veces siete" es solo simbólica. El perdón no se trata de contar, sino de la actitud del corazón. Las personas pueden decir que perdonan, pero aun así discuten o recuerdan en secreto las ofensas que se les han hecho y se aferran a sentimientos negativos. Es la actitud, no lo que se dice. Necesitamos alinear nuestras actitudes con la Palabra de Dios.

3. Equipa y alimenta tus actitudes correctas.

Podemos ver gigantes o contemplar una tierra que mana leche y miel. Es cuestión de perspectiva: elegir cómo ves tu mundo.

Es como tener dos perros que pelean constantemente, pero alimentas a uno y dejas morir de hambre al otro. ¿Cuál crees que ganará todas las peleas? Obviamente, el que alimentas siempre ganará.

"Por lo demás, hermanos, todo lo que es verdadero, todo lo honesto, todo lo justo, todo lo puro, todo lo amable, todo lo que

es de buen nombre; si hay virtud alguna, si algo digno de alabanza, en esto pensad." (Filipenses 4:8)

Suele ser más fácil criticar y hablar negativamente, pero puedes cambiar eso y moldear tu entorno a través de tus palabras. Las palabras positivas crean un ambiente creativo, amoroso y de aceptación. En cambio, las palabras negativas fomentan la sospecha, la desconfianza y la sensación de que nada está bien.

Elimina las palabras que hieren y denigran a los demás. Busca lo bueno en cada situación.

Una persona positiva no evita reconocer lo negativo; simplemente elige no detenerse en ello y, en cambio, se centra en lo positivo de cada situación.

4. Elige estar contento. Aprende a encontrar alegría en cada situación. (Filipenses 4:11-13)

Puedes elegir enfocarte en lo malo y el dolor, o puedo enfocarme en lo bueno que veo.

"¡Regocijaos en el Señor siempre! Lo repito: ¡Regocijaos!" (Filipenses 4:4)

Empieza a decirte palabras positivas a ti mismo y sobre ti mismo.

Reemplaza la ira por amor, el miedo por fe, las quejas por gratitud, la amargura por perdón, el juicio por aceptación y la lástima por ayudar a alguien más.

Ciertamente, estas son formas efectivas de superar actitudes negativas y malas.

Capítulo 12

La Verdad Sobre El Arrepentimiento

El arrepentimiento no es un sentimiento proactivo. Se origina en la decepción, la tristeza e incluso el remordimiento. Simplemente desea que las cosas fueran diferentes, sin que haya una acción que lo cambie. Sin embargo, el arrepentimiento es diferente. El arrepentimiento es admitir, odiar y alejarse del pecado ante Dios.

- Monica Johnson

1. El término traducido como "arrepentirse" significa alejarse del pecado. El arrepentimiento implica reconciliación, tanto con las personas como, sobre todo, con Dios.

   El ejemplo del hijo pródigo en Lucas 19 es: rebelión, ruina, arrepen timiento, reconciliación y restauración.

   Para el pueblo de Israel, este cambio implicó abandonar los ídolos y su forma de vida, y regresar a la ley de Dios (Ezequiel 14:6; 18:30; 33:11; Isaías 45:22; 55:7; Joel 2:12-13).

   La dimensión principal del arrepentimiento fue moral, lo que resultó en que tanto las personas como la nación de Israel volvieran a la ley de Dios para compartir su carácter santo.

2. El Antiguo y el Nuevo Testamento describen el arrepentimiento como un acto de volverse hacia Dios. El arrepentimiento no es solo sentimientos de tristeza ni un cambio de comportamiento. Significa, en cambio, alejarse del pecado y acercarse a Dios, quien solo puede sostener el corazón arrepentido con un cambio de vida genuino y duradero. (Mateo 12:43-45 Amós 4:4, 8-11; Oseas 3:5).

3. Jesús comenzó su ministerio público llamando al arrepentimiento (Marcos 1:15). Lo hizo en sintonía con su predecesor, Juan el Bautista.

El llamado al arrepentimiento continúa a lo largo del ministerio de Jesús y se extiende hasta una de sus apariciones posteriores a su resurrección (Lucas 24:47).

Los apóstoles siguieron proclamando este mensaje (Hechos 2 y 5:31; 11:18).

4. Las palabras del Nuevo Testamento traducidas como «arrepentirse» o «arrepentimiento» suelen ser metanoia (o metanoeō), que significa un cambio de mentalidad o pensamiento.

5. No arrepentirse resulta en el juicio de Dios tanto para su pueblo como para el mundo. La importancia del arrepentimiento se enfatiza en las advertencias bíblicas de que no hacerlo conllevará el juicio de Dios. El pacto mosaico lo establece claramente con promesas de bendiciones y maldiciones (Éxodo 23:22-33; Levítico 26; Deuteronomio 28; Josué 24:20 Mateo 23-24; Marcos 13).

Un juicio futuro recaerá sobre los impenitentes, tanto dentro como fuera de la iglesia (Lucas 13:3; 2 Tesalonicenses 1:9; Apocalipsis 16:9-11).

6. El Antiguo y el Nuevo Testamento enfatizan que el arrepentimiento es es encial para la salvación. La salvación es por gracia mediante la fe, pero también conduce a las buenas obras y las requiere. Tanto Jesús como los profetas establecen claramente este aspecto condicional de la salvación (Isaías 30:15; Jeremías 15:19; Ezequiel 18:30-32; Mateo 18:3; Marcos 1:4; Lucas 3:3).

Pablo, en Romanos 5-6, desafía a quienes distorsionan la gracia de Dios convirtiéndola en una licencia para pecar. Santiago, en su carta, confron ta a quienes enseñan que la salvación puede separarse de las buenas obras (Santiago 2:14-26).

7. Quienes siguieron a Jesús en la iglesia primitiva se arrepintieron y vivieron vidas transformadas. La verdadera transformación debe ocurrir en el corazón y la vida de cada persona. Mateo 18:3: **«Si no cambian y se hacen como niños pequeños, no entrarán en el reino de los cielos»**. Ejemplos de vidas transformadas en todo el Nuevo Testamento incluyen a la mujer sorprendida en adulterio (Juan 8:1-11), el hombre poseído por demonios (Marcos 5:1-20), Zaqueo, quien pagó a quienes les había robado (Lucas 19:1-10), y el apóstol Pablo (Hechos 9:1-31).

Los 11 apóstoles originales fueron transformados tras recibir la buena noticia de la vida, muerte y resurrección de Jesús. El arrepentimiento —el acto de alejarse del pecado y acercarse a la bondad— es lo que ocurre cuando Dios crea nuevos seres en las personas (2 Corintios 5:17).

RESTAURACIÓN

Restaurar es el acto de devolver algo a su estado anterior. Restaurar también puede mejorar las cosas más allá de su estado original. El poder restaurador de nuestro Padre Celestial es una de las promesas más poderosas de las Escrituras.

La entrada del pecado en el mundo nos separó de Él, pero Dios, en su gracia, provee una manera de restaurar nuestra relación con Él a través de su Hijo, Jesucristo.

"Porque, ya que nuestra amistad con Dios fue restaurada por la muerte de su Hijo mientras aún éramos sus enemigos, ciertamente seremos salvos por la vida de su Hijo." (Romanos 5:10 NTV)

VERDAD FUNDAMENTAL SOBRE LA RESTAURACIÓN

Restauración de nuestros cuerpos físicos:

"Porque yo haré que tu salud vuelva a ti, y sanaré tus heridas, dice Jehová..." (Jeremías 30:17 RVR1960)

La palabra hebrea para restaurar en el versículo anterior se puede definir como subir o ascender.

Dios quería rescatar a su pueblo del exilio y restaurar su tierra. Pero también prometió sanarlos.

Enfrentar problemas de salud constantes es un desafío. El dolor crónico puede minar nuestra esperanza y afectar nuestra forma de vida, pero Dios tiene el poder de sanar y restaurar nuestra salud. Créelo y reclámalo.

Restauración de nuestra vida espiritual:

"Vuélveme el gozo de tu salvación, y un espíritu generoso me sustenta." (Salmo 51:12 NVI)

Las dificultades de la vida pueden drenar el gozo incluso de la persona más positiva. La palabra hebrea para RESTAURAR en el Salmo 51:12 significa regresar o volver atrás.

Un hijo de Dios no conoce otro gozo verdadero que el gozo de la salvación de Dios, el gozo en Dios su Salvador y la esperanza en la vida eterna.

Reclama esta promesa conmigo hoy: *"¡Dios es capaz de sanar y restaurar mi espíritu!"*

Restablecimiento de circunstancias o entorno:

"Y el Señor restauró la fortuna de Job, cuando él oró por sus amigos. Y el Señor le dio a Job el doble de lo que tenía antes." (Job42:10)

Cuando sentimos que lo hemos perdido todo, Dios promete restaurar aún más de lo que nos fue arrebatado. Job mantuvo una actitud humilde ante Dios, sabiendo que sus caminos superan con creces los nuestros. Incluso después de perderlo todo —su salud, sus bienes y su familia—, Job siguió honrando a Dios.

Dios promete restaurar, pero eso no significa que las cosas volverán a ser como antes de la pérdida.

Declara ahora: Dios es capaz y está dispuesto a restaurar lo que he perdido.

La restauración siempre será visible desde fuera, pero comienza desde dentro.

"Por lo tanto, si alguno está en Cristo, es una nueva creación. Lo viejo pasó; he aquí, es hecho nuevo." (2 Corintios 5:17 NVI)

Dios desea ver un cambio profundo en nosotros, comenzando por lo que otros podrían no ver.

La restauración suele tardar más de lo esperado, por lo que los resultados inmediatos podrían no ser visibles. Sin embargo, podemos estar seguros de que Dios está obrando a nuestro favor.

"En lugar de vuestra vergüenza, doble porción; en lugar de deshonra, se alegrarán de su suerte; por tanto, en su tierra poseerán doble porción; tendrán alegría eterna." (Isaías 61:7)

The Restoration Power of God:

Sea lo que sea que el enemigo haya intentado arrebatarte, Dios quiere restaurarlo e incluso mejorarlo. Nos enfrentamos a decisiones a diario: podemos quejarnos y permanecer en la misma terrible condición, o podemos alabar a Dios y sentirnos exaltados.

Una cosa que el enemigo intentará robarnos es nuestro gozo. Su objetivo es entristecernos, afligirnos y oprimirnos.

Pero según Nehemías 8:10: «**El gozo del Señor es vuestra fuerza**».

Existe una relación entre el gozo y la fortaleza. Dios es un Dios gozoso.

El Salmo 2:4 dice: "**El que mora en los cielos se reirá**". Cuando caminamos con Dios, comenzamos a actuar como Él. Estamos llenos de gozo, de paz y de júbilo.

Puede que hayas pasado por momentos difíciles, pero Dios te restaurará.

"**Por vuestra vergüenza tendréis doble, y por vuestra confusión se alegrarán en su heredad; por tanto, en su tierra poseerán el doble; tendrán gozo eterno.**" (Isaías 61:7)

La Biblia Amplificada dice: "**...Tendrás una doble RECOMPENSA...**"
La palabra "recompensa" es la misma de la que deriva la compensación laboral.

Joel 2:25 dice: "**Os restituiré los años que comió la langosta, el saltón, el revoltón y la oruga**".

¿Te has enfrentado a muchos gusanos y orugas en tu vida? El Señor es un maestro en arreglar cualquier desastre. Dios nos ama tanto. Ya sea que hayamos causado las cosas por nuestra propia culpa o que el enemigo nos haya robado, Dios sigue siendo misericordioso y está dispuesto a restaurarnos cuando acudimos a Él.

Capítulo 13

Pasión y Urgencia Por Un Avivamiento

¡Oh, si rasgaras los cielos, y descendieras, y a tu presencia se escurriesen los montes! (Isaías 64:1)

Es inevitable percibir la urgencia y la necesidad desesperada que Isaías sintió al escribir estas palabras. Es un clamor, un clamor de oración nacido de un espíritu que vivió en tiempos difíciles.

Muchos de nosotros nos beneficiamos de avivamientos pasados, pero muchos otros nunca han experimentado lo que realmente es un avivamiento. ¿Podemos conformarnos con terminar nuestras vidas sin experimentar jamás un avivamiento, o al menos sin una carga y un deseo genuinos de que Dios actúe?

Vemos cómo la oscuridad se acrecienta a medida que nuestras naciones le dan la espalda a Dios, tolerando e incluso cometiendo depravaciones indecibles. Al mal se le llama bien, y al bien se le llama mal. En muchos lugares, Satanás está en su mejor momento.

Hace unas semanas, mientras estábamos en la India, asistimos a un festival hindú en el río Ganges. Parecía un mar de gente que había venido a adorar a sus dioses. Una multitud enorme se reunió en la orilla, con varios cientos de personas en grandes barcos anclados, todos observando a sus sacerdotes realizar rituales. Al avanzar entre la multitud, vi a algunas personas completamente desnudas. Algunos habían venido a bañarse en el río, mientras que otros vinieron a ofrecer sacrificios.

El hinduismo es la religión más grande y practicada en la India. Alrededor del 80% de la población del país se identifica como hindú. India alberga aproximadamente al 94% de la población hindú mundial, con un total de alrededor de 1.500 millones de personas. Me rompe el corazón pensar en esta nación; solo imaginar que el 80% de los 1.500 millones va por mal camino. Aun así, sigue siendo un gran campo misionero y está muy maduro para un avivamiento.

Nuestra prioridad como cuerpo de Cristo es orar a Dios por las naciones, y debemos hacer todo lo posible por alcanzar a las naciones de la tierra, empezando por nuestros vecinos más cercanos.

Muchas personas en la iglesia hoy en día viven para el momento, enfocándose en la prosperidad material o el placer sensual. Es lamentable que muchos se hayan vuelto como Sansón en la Biblia, quien finalmente perdió la visión y la unción. Los filisteos nos han cegado mientras nos esforzamos en la prisión de los segundos mejores de Dios.

Debemos buscar la presencia de Dios para que nos ayude a revertir esta tendencia. Solo mediante el avivamiento podemos cambiar esta tendencia.

Al igual que Éfeso, la iglesia fundamentalista de Asia Menor, hemos abandonado nuestro primer amor. Al igual que Sardis, la iglesia fallida de Asia Menor, tenemos fama de estar vivos, pero estamos muertos. ¿Acaso se nos considera vivos estando muertos? El poder del Espíritu se ha apartado de nosotros, como le ocurrió a Sansón cuando los filisteos lo atacaron.

Al igual que Filadelfia, la Iglesia de la puerta abierta, debemos aferrarnos a lo que tenemos y aprovechar las oportunidades para que el Señor no venga y perdamos nuestra corona. Laodicea, la Iglesia tibia, ha sido bendecida materialmente, pero está empobrecida espiritualmente, y Cristo está afuera esperando para entrar.

Estos ejemplos bíblicos ilustran la urgente condición de la Iglesia hoy. Necesitamos urgentemente un avivamiento. El lugar de oración tiene demasiados asientos vacíos, demasiadas cosas sin importancia que reclaman nuestra atención, y, lamentablemente, caemos en sus manos.

Pero incluso para Sansón, ¡había esperanza! En el último momento, daría su vida y vencería a los filisteos cuando el Espíritu de Dios regresó a él. El acto final de entrega total definiría el ministerio de Sansón.

¿Cómo queremos ser definidos? ¿Por nuestra despreocupación y falta de oración? ¿O estamos dispuestos a clamar una última vez por el poder de Dios? **"¡Oh, si rasgaras los cielos, y descendieras, y a tu presencia se desplomaran los montes!"** (Isaías 64:1)

LA CARGA DE ISAÍAS

Isaías sentía una evidente carga por su pueblo (Isaías 64:10-12).

Con visión profética, previó una generación futura en la que las hordas babilónicas arrasarían la ciudad santa, quemando y saqueando el majestuoso templo de Salomón.

También sentía una profunda carga por el pecado que conduciría a esta catástrofe (Isaías 64:5-7).

Isaías comprendió que Dios había actuado con dureza, pero con justicia. Su actitud era humilde y realista. Para que hubiera recuperación, Dios tenía que actuar. En eso consiste el avivamiento: una obra que solo Dios puede iniciar.

LA FE DE ISAÍAS

Isaías creía que las montañas podían derretirse y se derretirían gracias a la imponente presencia de Dios.

Hoy enfrentamos enormes montañas: montañas de ateísmo, secularismo, personas inmorales y sus filosofías depravadas, abortos… la lista es interminable. Hay montañas representadas por las religiones de este mundo y sus miles de millones de seguidores. Hay montañas de pecado, adicción al placer e inmoralidad.

Las montañas más grandes existen en nuestros propios corazones y espíritus. Nuestra apatía, carnalidad, idolatría y sensualidad nos han robado el corazón. Al igual que el pueblo de Israel, hemos seguido a Absalón en lugar de a Cristo. El Rey ha sido destronado. El avivamiento ocurre cuando el Rey regresa a su trono una vez más.

Debemos confiar en que el Rey regresará a su pueblo, que nos purificará como volcó las mesas de los cambistas durante su ministerio terrenal. Oremos también para que las montañas se derritan, que los corazones se vuelvan como cera y que el Señor descienda.

LA BENDICION

Él anticipó un día de bendición venidera: una respuesta a la oración inimaginable en su gloria (Isaías 64:3-4).

Me conmovió profundamente leer la historia de la reunión de oración de la calle Fulton. Esto ocurrió en 1857. Si Dios obró milagros antes, sin duda puede hacerlo de nuevo si encuentra personas dispuestas y dispuestas.

La reunión de oración de la calle Fulton: 1857

La Reunión de Oración de la Calle Fulton en Nueva York en 1857 sigue siendo uno de los ejemplos más inspiradores del poder de Dios. Steve Pettit comparte esta hermosa historia en BJU Today.

Era exactamente mediodía del miércoles 23 de septiembre de 1857 en la Iglesia Reformada Old North Dutch, en la calle Fulton, en el bajo Manhattan. Durante tres meses, Jeremiah Lanphier había visitado todos los negocios, tiendas y pensiones, invitando a la gente a orar ese miércoles en particular. Pero al entrar a la iglesia al mediodía del 23 de septiembre, no había nadie.

La mayoría de las iglesias en el corazón de Nueva York se habían mudado a las afueras cuando sus miembros adinerados abandonaron la ciudad. De hecho, la Iglesia del Norte de Holanda también se había mudado fuera del centro, pero decidió mantener una obra misionera en su antiguo edificio en el bajo Manhattan. Esta zona de Nueva York estaba llena de negocios, inmigrantes y trabajadores, y Lanphier (un hombre de negocios) tenía la tarea de alcanzarlos para Cristo.

Eran las 12:10 y aún nadie había venido a orar.

La Fiebre del Oro de California de 1848 había alejado a los hombres de Dios y los había llevado a la riqueza. Pero para 1857, la situación económica era difícil; los negocios cerraban; 30.000 hombres estaban desempleados en Nueva York. La esclavitud desgarraba el país; la amenaza de guerra se cernía sobre ellos. Se sentía desesperación.

Lanphier había decidido organizar una reunión de oración porque nada de lo que intentaba lograba atraer gente a la iglesia. Estaba desanimado, pero la oración era su consuelo. Si esto animaba su corazón a tener comunión con Dios, tal vez otros sentirían lo mismo.

Lanphier dijo: «En la oración, dejamos los asuntos del tiempo por los de la eternidad».

Eran las 12:20 y aún no había llegado nadie.

Jeremiah Lanphier, sin formación teológica formal, pero con un profundo compromiso con la voluntad de Dios, se sentó en la iglesia vacía y comenzó a orar.

Finalmente, a las 12:30, cinco hombres entraron a orar.

No había fanatismo ni histeria.

Desde una perspectiva humana, no estaba sucediendo nada extraordinario, y ciertamente nadie imaginaba que esto daría inicio a uno de los mayores movimientos de avivamiento en la historia de Estados Unidos. Eran solo seis hombres, buscando a Dios en silencio y con fervor por su ciudad.

El miércoles siguiente, 14 personas asistieron a la reunión de oración.

En seis meses, entre 10,000 y 30,000 hombres y mujeres, de una población de 800,000 habitantes, oraban diariamente en 20 reuniones de oración diferentes en Nueva York.

Durante un tiempo, se estima que 10,000 personas se convertían en Nueva York cada semana.

La reunión de oración unía a personas de todos los estratos socioeconómicos en una época en la que poco unía a los estadounidenses. Era un grupo que reconocía su dependencia de Dios y simplemente tenía comunión con Él.

El formato era sencillo: las personas oraban en voz alta por sus familiares o compañeros de trabajo no salvos, nombrándolos. Se cantaban himnos y se daban testimonios. Pero la oración era el enfoque principal.

Como Nueva York era un centro de negocios, como lo sigue siendo hoy, comerciantes y empresarios llegaban de todo el país para hacer negocios en la gran ciudad y se dejaban llevar por la oleada de avivamiento que encontraron allí.

Un comerciante visitante de Albany estaba seleccionando mercancía al llegar el mediodía. Le pidió al mayorista que trabajara durante el mediodía para poder regresar a Albany en el barco fluvial de la tarde. Pero la respuesta del mayorista fue: "¡No! No puedo. Tengo algo que atender, algo más importante que la venta de mercancías. Debo asistir a la reunión de oración del mediodía. Terminará a la una, y entonces prepararé su pedido". Ambos asistieron a la reunión, y el comerciante visitante se convirtió. Al regresar a Albany, inmediatamente inició una reunión de oración del mediodía en esa ciudad.

Las reuniones de oración se extendieron por la Costa Este hasta New Haven, Connecticut; Boston; Filadelfia; Pittsburgh; Nueva Jersey; y Washington, D.C. También se extendieron al recién desarrollado Oeste: Chicago, San Luis, Cleveland, Cincinnati, Indianápolis, Detroit, Minneapolis y Omaha. Y tan lejos como Irlanda.

Los titulares de los periódicos de todo el país anunciaron el avivamiento:

"El hielo del río Mohawk se rompe para los bautismos" (Schenectady, Nueva York)

"La reunión de bomberos atrae a 2000 personas" (Newark, Nueva Jersey)

"El avivamiento arrasa en Yale" (New Haven, Connecticut)

El New York Times, en un editorial del 20 de marzo de 1858, declaró lo siguiente sobre el avivamiento:

"La gran ola de entusiasmo religioso que recorre esta nación es uno de los movimientos más notables desde la Reforma... Es impresionante pensar que en este vasto país decenas de miles de hombres y mujeres se plantean en este momento, de forma sencilla y seria, la pregunta más importante que jamás pueda surgir en la mente humana: '¿Qué debemos hacer para ser salvos del pecado?'".

Se estima que, 18 meses después de la primera reunión de oración en la Iglesia Reformada Old North Dutch, un millón de almas en todo Estados Unidos habían aceptado a Cristo.

Entonces, ¿por qué es relevante esta historia para nosotros hoy? ¿Cuál es la lección?

El Señor usó a un hombre dedicado que creía que su Dios era capaz de más de lo que podía pedir o pensar para llevar a millones al Reino de los Cielos.

Jeremiah Lanphier no era un hombre de talento excepcional. Parece un obrero de iglesia anónimo, quizá poco apreciado en todas las iglesias. Pero creía en un Dios grande.

¿Cuánto tiempo habríamos esperado tú o yo en esa iglesia vacía? ¿Cuán grande creemos que es nuestro Dios?

Capítulo 14

Pasos Para El Avivamiento

Nunca habrá un avivamiento hasta que estemos dispuestos a reconocer nuestra desesperada necesidad de él.

Algunos hemos presenciado avivamientos a pequeña escala, donde grandes reuniones han visto muchas almas salvadas, vidas transformadas y un fuerte espíritu de oración arraigarse en el pueblo de Dios. ¡Hemos leído sobre poderosos movimientos del Espíritu de Dios que nos hacen anhelar que el Señor lo repita!

El avivamiento se define como renovación y restauración: una infusión de la vida, el amor y el poder de Dios.

Cuando las personas desfallecen y llega la ayuda, reviven. Las flores se marchitan, pero al colocarlas en agua fresca, se recuperan. De igual manera, los cristianos y las iglesias también decaen, desfallecen y necesitan avivamiento. Hay diferentes niveles de avivamiento.

Debemos sentir una verdadera carga para que Dios envíe un avivamiento a gran escala del Espíritu Santo a nuestras vidas, a nuestra tierra y a todo el mundo. ¿Cuáles son los pasos que conducen a tal avivamiento?

  A. Debemos reconocer nuestra necesidad de avivamiento. La oración del salmista fue una confesión de necesidad; solo oró cuando sintió la necesidad – Salmo 85:6.

Hay una necesidad de avivamiento:

  1. En el mundo exterior. Multitudes están sin Dios y sin esperanza en el mundo (Efesios 2:12); la mayoría están fuera de las iglesias, y el

avivamiento es la única clave para esta trágica situación.

2. En la iglesia. Muchas iglesias son mundanas, formales y carecen de poder espiritual y vitalidad. Solo el avivamiento puede cambiar esta situación.

3. En nuestras propias vidas. ¡Con cuánta frecuencia fallamos, nuestro testimonio parece ineficaz y qué poco oramos! El avivamiento es nuestra necesidad personal.

B. Debemos reconocer que el avivamiento es posible. Muchas veces en el Salmo 85:1-3, le recuerda a Dios lo que Él había hecho: Tú mostraste...restauraste. El hecho de que Dios haya enviado avivamiento en el pasado demuestra que puede volver a suceder. Los cristianos incrédulos, autocomplacientes y mundanos pueden tardar en comprender esto, pero la historia, junto con las promesas de Dios, demuestra que el avivamiento es posible.

(2 Crónicas 7:14; Jeremías 33:3; Malaquías 3:10)

C. Debemos reconocer la fuente del avivamiento. (Salmo 85:6).

Según el Salmo 62:11, este se origina en Dios. No es fabricado, sino enviado. Nuestro enfoque no debe estar en los hombres, los métodos, las iglesias ni las denominaciones, sino en Él.

Cuando miramos al hombre, vemos lo que el hombre puede hacer; Pero cuando miramos a Dios, comprendemos lo que Él puede hacer (Salmo 62:5).

D. Debemos usar los métodos correctos para lograr un avivamiento. La clave del avivamiento es la oración apasionada, con fe y urgente.

«¿No querréis...?» (Salmo 85:6). Todos los avivamientos siempre han sido precedidos por la oración. El de Pentecostés, el avivamiento moravo, el de 1859, el galés y los continuos movimientos del Espíritu en diferentes partes del mundo hoy (2 Crónicas 7:14).

E. Debemos crear los canales para el avivamiento. Dios quiere enviar avivamiento, pero necesita creyentes como canales. (Salmo 85:6)

El avivamiento es la manifestación del Espíritu de Dios, a través del espíritu regenerado del hombre (Juan 7:38-39). Para que el avivamiento ocurra, tú y yo debemos recibirlo y convertirnos en canales para que fluya.

F. Necesitamos eliminar las barreras al avivamiento. En el Salmo 85:6, el salmista ora por un avivamiento: «para que tu pueblo se regocije en ti» Esto resalta la comunión, el caminar con Dios, el acuerdo con Dios (Amós 3:3) y estar bien con Él. El mayor obstáculo para el avivamiento es el pecado. ¿Hay algún pecado voluntario en tu vida? Si eres desobediente al Señor, debes asumir la responsabilidad personal.

Hace muchos años, D. L. Moody escuchó a Henry Varley decir: «El mundo aún no ha visto lo que Dios hará con un hombre que se entrega por completo a Él». Moody dijo: «¡Por la gracia de Dios, yo seré ese hombre!».

¿Serás tú otro? Que el mundo vea lo que Dios puede hacer a través de ti.

G. Disfrutaremos de los resultados del avivamiento. Al leer el resto del Salmo 85, notará varios resultados mencionados: Salvación (7); Paz (8) Gloria (9); Armonía (10); Crecimiento (11); Provisión (12); Salmo 37:23 (13).

Si queremos ver un avivamiento, debemos volver a lo básico:

1. Regresemos a la oración perseverante. La oración es una de las disciplinas espirituales más comentadas, pero menos practicadas.

Sabemos que la oración precede al avivamiento, y que Dios obra a través de quienes oran. (Salmo 85:6)

2. *Regresemos a la predicación bíblica.*

Porque ya que en la sabiduría de Dios, el mundo no conoció a Dios mediante la sabiduría, agradó a Dios salvar a los creyentes por la locura de la predicación. (1 Corintios 1:21)
"Predica la palabra; insiste a tiempo y fuera de tiempo; redarguye, reprende, exhorta con toda paciencia y doctrina." (2 Timoteo 4:2)

Nuestra predicación debe ser bíblica y regular. (Hechos 8:5, 10:42, 15:35, Hechos 20:7)

3. *Regreso a la pureza. (1 Pedro 1:15, 16)*

"Por lo cual, salid de en medio de ellos y apartaos, dice el Señor, y no toquéis lo inmundo; y yo os recibiré." (2 Corintios 6:17)

El verdadero avivamiento siempre conduce a una mayor pureza. En la época de Ezequías, el avivamiento nacional se basó en la purificación de la tierra de la idolatría por parte de Ezequías (2 Reyes 18:4). En la época de Esdras, el avivamiento resultó en la purificación del pecado del pueblo de Dios (Esdras 10:12).

Una nueva visión de Dios siempre nos llama a un mayor anhelo de santidad en nuestras vidas.

4. *Debemos hacer de la evangelización personal una prioridad.*

Un indicador de una iglesia local saludable es el fervor de la congregación por alcanzar a la comunidad. Una iglesia saludable es una familia que se ha adueñado de la Gran Comisión (Hechos 8:1).

Dos capítulos después, vemos que se establecieron iglesias en estas mis mas ciudades:

Entonces las iglesias descansaron por toda Judea, Galilea y Samaria, y fueron edificadas; y andando en el temor del Señor y en el consuelo del Espíritu Santo, se multiplicaron. (Hechos 9:31)

5. *Regreso a la Evangelización Mundial. Una iglesia con mentalidad misionera.*
Una iglesia que asume personalmente la Gran Comisión verá más allá de su comunidad, a "todas las naciones". **"Por tanto, id y haced discípulos a todas las naciones..."** (Mateo 28:19,20)

6. *Regreso a la Participación con los hermanos.*
Pero incluso si no estamos de acuerdo en todos los puntos doctrinales, podemos disfrutar de la comunión y aprender unos de otros.

Debemos tener cuidado de no juzgar la comunión basándonos en personalidades e instituciones. (1 Corintios 3:3-4)

7. *De vuelta a la iglesia local*
"...Cristo amó a la iglesia y se entregó a sí mismo por ella..." (Efesios 5:25)

La piedra angular de los fundamentos del cristianismo del Nuevo Testamento es la iglesia local: su doctrina, liderazgo, adhesión a la verdad y propagación.

"Por tanto, mirad por vosotros mismos y por todo el rebaño sobre el cual el Espíritu Santo os ha puesto por obispos, para apacentar la iglesia de Dios, la cual él ganó por su propia sangre." (Hechos 20:28)

Capítulo 15

Lecciones Sobre La Disponibilidad
De Ser Enseñable

La predisposición a ser enseñable ha sido un principio rector fundamental en mi vida y ministerio.

"El mayor desperdicio del mundo es la diferencia entre lo que somos y lo que podemos llegar a ser." -Ben Herbster

Si te falta un espíritu de enseñanza, nunca alcanzarás el potencial que Dios te dio ni disfrutarás de los dones que Él te dio.

"Da instrucción al sabio, y será aún más sabio; enseña al justo, y aumentará su saber." (Proverbios 9:8-9)

El hombre más sabio y rico del mundo nos escribió esto hace muchos años. Creo sinceramente que tener un espíritu de aprendizaje es el elemento más importante del éxito en la vida. Si has llegado a un punto en el que ya no puedes aprender nada, estás muerto o en proceso de morir.

Rasgos de las Personas Capacitadas

1. Humildad

No podemos aprender nada nuevo hasta que admitamos que aún no lo sabemos todo. - Erwin G. Hall

No se puede decir nada; él cree que ya lo sabe todo.

Las personas capacitadas abordan la vida con la convicción de que pueden aprender de cualquier persona, sin importar su estatus, posición o antecedentes. Esta humildad abre la puerta al conocimiento.

2. Una sed diaria de sabiduría
Abraham Lincoln, posiblemente uno de los presidentes más sabios de la historia de Estados Unidos, dijo: «No tengo muy buena opinión de un hombre que no sea más sabio hoy que ayer».

3. Ojos abiertos y oídos despejados.

Lee con regularidad, aprende de las situaciones cotidianas. La sabiduría y la verdad están en todas partes, pero debemos buscarlas. Si buscas intencionalmente maneras de crecer en tu fe, Dios te brindará oportunidades para encontrar la verdad.

4. Una boca cerrada.

Una mente abierta y una boca cerrada crean un entorno propicio para el aprendizaje.

«La sabiduría es la recompensa que obtienes por toda una vida escuchando, cuando hubieras preferido hablar». - Doug Larson

Los líderes deben hablar; es parte del trabajo. Pero un líder que rara vez escucha no está aprendiendo lo suficiente para seguir liderando.

"Si no puedes callar, no tendrás nada que decir." - Hans Finzel

5. Una perspectiva positiva.

Los estudiantes pueden encontrar oportunidades para aprender en cualquier situación, incluso en las difíciles. Quienes tienen un espíritu de enseñanza ven los desafíos como oportunidades para mejorar. Durante la adversidad, tus oídos espirituales deben estar atentos porque Dios está a punto de hablarte.

6. El deseo de estar rodeado de personas en crecimiento.

Rodéate de personas sabias, experimentadas y con visión espiritual, y pídele a Dios que te contagie algo de eso.

7. La disposición a aplicar lo que aprenden.

Las personas enseñables no solo buscan la verdad, sino que también encuentran maneras de aplicarla en sus vidas.

"El verdadero valor de la capacidad de aprender surge cuando tomamos algo que aprendemos y lo aplicamos." - John Maxwell.

Estamos llamados a ser "hacedores" de la Palabra de Dios. La única manera de ser "hacedores" es ser aprendiz, y la única manera de ser aprendiz es tener un espíritu enseñable.

CULTIVANDO UN CORAZÓN ENSEÑABLE

"Porque al que tiene [un corazón dócil], **se le dará más** [entendimiento]; **pero al que no tiene** [un anhelo por la verdad], **incluso lo que tiene se le quitará."** (Marcos 4:25 Versión Amplificada)

Según las enseñanzas de Jesús, solo eres apto para más cuando eres enseñable.

Una de las cualidades más importantes para el éxito en la vida es tener un corazón o una actitud dócil. Sin importar las cualidades que tengas, si careces de esto, no llegarás muy lejos. Muchas personas talentosas o dotadas carecen de esta característica. Como resultado, su progreso en la vida es limitado. Debes desarrollar la actitud de ser un aprendiz permanente, aprendiendo hasta el día de tu muerte.

"Una vez que dejas de aprender, empiezas a morir". Nunca dejes de aprender. Sé un aprendiz de por vida, siempre". - Albert Einstein

No solo debes tener ganas de aprender, sino también estar preparado para que te enseñen. (2 Timoteo 2:2, Proverbios 22:6)

David oró en el Salmo 86:11: **«Enséñame, oh Señor, tu camino; andaré en tu verdad». Volvió a orar en el Salmo 25:4: «Muéstrame, oh Señor, tus caminos; enséñame tus sendas».**

Salmo 143:10: **«Enséñame a hacer tu voluntad, porque tú eres mi Dios; tu Espíritu es bueno. Guíame en tierra de rectitud».**

Pero la oración no le serviría de nada si no estaba dispuesto a aprender lo que Dios quería enseñarle.

Juan 14:26: **"Pero el Consolador, el Espíritu Santo, a quien el Padre enviará en mi nombre, él les enseñará todas las cosas y les recordará todo lo que les he dicho"** (RVR1960).

Incluso el apóstol Juan se basó en esto y dijo en 1 Juan 2:27: **"...sino que la unción misma les enseña acerca de todas las cosas..."**

El Espíritu Santo o la unción nunca obligará a nadie a aprender.

Algunas personas enseñables en la Biblia

1. Moisés siguió el consejo de su suegro Jetro de delegar la autoridad en líderes que él mismo seleccionaría entre los israelitas, en lugar de juz-

gar solo al pueblo desde la mañana hasta la tarde (Éxodo 18:13-26).

2. Naamán era el comandante del ejército sirio. Escuchó a su esposa, quien había recibido información de una joven esclava de Israel sobre cómo sanar de su lepra. Y actuó. Cuando dudó en sumergirse en el río Jordán porque creía que había ríos mejores en su país, sus sirvientes lo persuadieron a seguir las instrucciones de Eliseo. Cambió de opinión, se sumergió en el Jordán siete veces y sanó. (2 Reyes 5:2-14)

3. El eunuco etíope: Fue lo suficientemente humilde como para admitir su ignorancia cuando Felipe le preguntó si entendía lo que leía. Felipe le explicó la Escritura que le leía. Pidió ser bautizado, y Felipe lo bautizó (Hechos 8:26-38).

4. Nicodemo: Acudió a Jesús de noche, aunque era un líder de los judíos y el Maestro de Israel (Juan 3:1, 10). También era fariseo y miembro del Sanedrín (Juan 7:50-51). Lo importante para él era aprender lo que no sabía (Juan 3). Se convirtió en discípulo secreto de Jesús (Juan 19:39) después de su encuentro con Jesús esa noche.

5. Los cristianos de Berea escucharon con entusiasmo el mensaje de Pablo y escudriñaron las Escrituras día tras día (Hechos 17:10-11).

6. Apolos: La Biblia lo describe como un orador elocuente que conocía bien las Escrituras (Hechos 18:24). Le habían enseñado el camino del Señor, pero solo conocía el bautismo de Juan. Después de predicar, Priscila y Aquila, que eran más sabios que él, lo oyeron predicar con valentía en la sinagoga. Lo llevaron aparte y le explicaron el camino de Dios con mayor precisión (Hechos 18:24-26).

7. Doce discípulos en Éfeso: Estos doce discípulos, que desconocían el Espíritu Santo, no le ocultaron su ignorancia a Pablo. Lo escucharon, fueron bautizados en el nombre del Señor Jesús y recibieron el Espíritu Santo. (Hechos 19:1-7)

Cómo Cultivar un Corazón Dispuesto a Aprender

1. Estudia y medita en la Palabra de Dios y sigue sus enseñanzas. Abre Su Palabra y permite que Él te hable. La Palabra de Dios edificará tu carácter y te moldeará (Josué 1:8; Salmo 119:99-100).

   Cuando estudias y meditas la Palabra de Dios, vive en obediencia. Ahí está la bendición (Santiago 1:25). La Palabra te instruirá, corregirá, reprenderá y te hará más sabio (2 Timoteo 3:16-17).

2. Humíllate (1 Pedro 5:5b; Santiago 4:6b; Proverbios 3:34b; 15:3). Aprender requiere humildad.

3. Escucha y observa.

   Proverbios 19:20: **"Escucha el consejo y recibe la instrucción, para que seas sabio en tu vejez".**

   La palabra escuchar se usa muchas veces en la Biblia. Escucha la Palabra de Dios que se predica. Presta atención.

   No domines siempre las conversaciones. Aprendes cuando escuchas y observas. Dios te dio dos oídos y dos ojos, ¡pero solo una boca! ¡Usa tus oídos y ojos más que tu boca! Si hablas más de lo que escuchas, espe cialmente delante de un superior, mentor o entrenador, es señal de que no eres enseñable.

   Proverbios 18:2: **"El necio no se deleita en la prudencia, sino en expre - sar su propio corazón".**

4. Aléjate de la compañía de los necios y aprende de los sabios y superiores. (Proverbios 13:20, 14:7)

Si quieres aprender cosas valiosas, aléjate de los tontos.

Escucha y toma notas. Haz preguntas. No desperdicies el tiempo que dedicas, especialmente con los mentores. Si tienes una cita con ellos, prepara las preguntas que les harás para que puedas aprovechar al máximo tu tiempo.

5. Busca consejo, haz preguntas y pide ayuda. No asumas que lo sabes todo.

La iglesia de Laodicea dice: «**Soy rico, me he enriquecido y de nada tengo necesidad**» (Apocalipsis 3:17).

Cualquiera que tenga esta actitud es ineducable. Todos tenemos nues= tras áreas de ignorancia.

Proverbios 26:12: «**Hay más esperanza para el necio que para el que se cree sabio.**"

No te avergüences de que la gente sepa que no sabes algo».

Romanos 12:16c: «**¡No creas que lo sabes todo!**». (NTV).

6. Invierte en materiales que amplíen y profundicen tus conocimientos. Te costará tiempo y dinero, pero vale la pena. No existe ninguna idea completamente nueva. Las personas se basan en lo que otros han hecho o se inspiran para explorar nuevas dimensiones de lo que ya existe. Apoyándose en el ejemplo de otros, aprende de ellos.

Incluso en prisión, Pablo continuó leyendo. 2 Timoteo 4:13 dice: «**Cuando vengas, trae la capa que dejé en casa de Carpo en Troas, y los libros, especialmente los pergaminos**».

En Daniel 9:2: "**... comprendió por los libros el número de los años de los** cuales la palabra del SEÑOR vino al profeta Jeremías, para terminar las desolaciones de Jerusalén: setenta años".

Asume la responsabilidad de tus errores y acepta la corrección.

Proverbios 12:1: **"Para aprender, hay que amar la disciplina; es necio odiar la corrección"** (NTV).

No odies la corrección.

Proverbios 29:1: **"Quien obstinadamente se niega a aceptar la crítica, de repente será quebrantado sin remedio".** (NTV).

No te dejes llevar por la culpa. Culpar a los demás todo el tiempo es ser cojo. Admite tus faltas, acepta la corrección y cambia de opinión cuando te equivoques.

Proverbios 17:10: **"La represión es más efectiva para un sabio que cien azotes para un necio".**

Proverbios 15:31-32: **«El oído que escucha las reprensiones de la vida morará entre los sabios. El que desdeña la instrucción se desprecia a sí mismo, pero el que atiende a la represión adquiere entendimiento».**

Beneficios de ser enseñable

1. Dios te bendecirá. Prosperarás al aprender de Dios y obedecer. (Mateo 11:29, Proverbios 8:32)

   Proverbios 13:18: "Pobreza y vergüenza vendrán al que desdeña la corrección".

   "Si estás dispuesto y obedeces, comerás del bien de la tierra". (Isaiah 1:19)

2. Te ayuda a crecer en humildad.
El orgullo y la inseguridad son las principales razones por las que no se deja enseñar.

Salmo 25:9: **"Encaminará a los humildes en la justicia, y a los humildes les enseñará su camino".**

Proverbios 13:10: **"Con la soberbia solo nacen contiendas, pero con los bien aconsejados está la sabiduría".**

3. Te volverás más sabio y con más conocimiento.

Verás mejoras en todas las áreas de tu vida. Vivirás una vida mejor.

Proverbios 9:9: **"Instruye al sabio, y será más sabio; enseña al justo, y aumentará su saber".**

4. Tendrás relaciones interpersonales saludables. No tendrás discusiones ni desacuerdos innecesarios con la gente. Esto se debe a que escuchas a los demás, admites tus errores, cambias con facilidad cuando te equivocas y evitas ponerte a la defensiva.

5. La gente te respetará y te considerará una persona íntegra.
Te respetarán y te tendrán en cuenta cuando te esfuerces por ser un experto en lugar de ocultar tu ignorancia y fingir.

JESUS y PEDRO

Jesús advirtió a Pedro sobre el deseo del diablo de zarandearlo como trigo, pero también lo animó: **"...He orado por ti para que tu fe no desfallezca; y quiso que, después de restaurarlo, él también fortaleciera a otros"** (Lucas 22:31-32).

Tras su restauración y recibir la impartición en el aposento alto, Pedro se convirtió en un agente de transformación para el reino a escala global.

Un día, mientras se dirigía al templo a orar, él y Juan se encontraron con un hombre que nació lisiado y necesitaba ayuda económica. Admitieron no tener nada, pero tenían algo que podían darle.

Hechos 3:6-7: **"Entonces Pedro dijo: 'No tengo plata ni oro, pero lo que tengo te doy. En el nombre de Jesucristo de Nazaret, ¡anda!'. Tomándolo de la mano derecha, lo ayudó a levantarse, y al instante los pies y los tobillos del hombre se fortalecieron".** In the above text, after Peter and John received an impartation in the upper room, they now had something to impart to the crippled man.

Las personas que han recibido una impartición son productores de pruebas, no solo habladores.

Oro para que te conviertas en un productor de pruebas del Reino, comenzando hoy y aumentando en número, en el nombre de Jesús.

Cuando Dios bendice a alguien, siempre tiene en mente a una multitud.

Isaías 51:2: **«Miren a Abraham, su padre, y a Sara, que los dio a luz. Cuando lo llamé, era solo un hombre, y lo bendije y lo multipliqué».**

Basándonos en lo anterior, la voluntad de Dios es hacerte valioso y fructífero, independientemente de tu ubicación y circunstancias.

Las personas y las circunstancias pueden imponer límites a tu progreso, y es posible caer en ciclos de fracaso. Estas limitaciones y ciclos pueden romperse mediante el empoderamiento divino.

En las vidas de Abraham y Sara, a los 100 y 90 años respectivamente, se superó la esterilidad y nació una nación.

Muchas personas experimentaron encuentros personales con Dios; esto cambió sus vidas a partir de ese momento. Esto fue así para Moisés, Isaías, Gedeón, Pablo y muchos otros.

Otros recibieron impartición de sus padres y de algunas relaciones. Esto fue así para Jacob y sus hijos, así como para sus nietos.

La impartición profética y divina tiene el poder de transformar tu estatus.

El número dos se convirtió en el número uno. (Génesis 48:15-16, 49:1-2, 8, 22)

La impartición siempre se recibe mediante el seguimiento y la disposición a aprender de los demás. (Éxodo 24:12-13, Números 27:18-23, Deuteronomio 34:9)

Capítulo 16

Costo Relacionado Con La Impartición

Las riquezas que impartimos son la única riqueza que siempre conservaremos.

-Henry Martin

La impartición es la ley o principio de la reproducción espiritual. Cuando se imponen las manos sobre alguien en la presencia de Dios y se le pronuncian palabras proféticas, esa persona recibe una impartición.

UNA VIDA DE IMPACTO REQUIERE

1. La intimidad con Dios y la sabiduría son esenciales. La sabiduría se revela a través de las decisiones que tomas. Esto te permite discernir entre las diferentes etapas y las personas que se cruzan en tu camino. El conocimiento implica recopilar la información correcta, pero aún así puedes desconocer cómo aplicarla eficazmente, por lo que te beneficia. La sabiduría se encuentra en la Palabra (Hechos 20:32).

2. Oración y fe constantes. La fe es la acción que realizas para demostrar tu confianza en la palabra de Dios (Mateo 14:28; Hebreos 4:2). Todas las hazañas en el reino dependen de la fe. Las instrucciones de Dios siempre requerirán fe (Lucas 5:5).

Si todos tus logros en la vida y el ministerio se pueden explicar por medios naturales, sigues funcionando como un ser humano normal. Como creyente, siempre serás desafiado a actuar en el ámbito de la fe para cumplir tu propósito.

Explicación y testimonio de Labán sobre Jacob (Génesis 30:27).

3. Mentores poco comunes

Explicación de las hazañas de los apóstoles: eran incultos, pero descubrieron que habían estado con Jesús (Hechos 4:13).

Elías y Eliseo: Dios le dijo a Elías que fuera a ungir a Eliseo como su sucesor. Se dice que tuvo que caminar unos 257 kilómetros hasta encontrar a Eliseo (1 Reyes 19:19-21).

La Fidelidad Precederá a Una Vida de Impacto

1. Fidelidad en nuestras áreas de operación actuales. Eliseo fue encontrado arando con la duodécima yunta de bueyes. Estaba ocupado en su campo. Pedro fue encontrado en su lugar de trabajo. Aunque cada lanzamiento de la red no trajo nada, perseveraron toda la noche. (Lucas 5)

Moisés fue encontrado en el campo cuidando ovejas. Pero incluso antes de eso, Moisés era un defensor. Nunca quiso que nadie se aprovechara de él. (Éxodo 2:16-21)

Pablo fue encontrado camino a perseguir a los cristianos. Aunque estaba haciendo lo incorrecto, era muy comprometido y celoso con su religión. (Hechos 9) Nehemías fue encontrado en su lugar de trabajo. (Nehemías 1)

La mayoría de las veces, nos encontramos con Dios cuando nos levanta mos de la cama y continuamos diligentemente con nuestras rutinas diarias a pesar de los desafíos. (Lucas 16:10-12, Eclesiastés 9:10, Colosenses 3:23-24)

La pregunta es: ¿estamos siendo fieles a lo que Dios ya nos ha dicho o asignado?

Capítulo 17

Cómo Prepararse Para La Impartición

Lecciones de Elías y Eliseo sobre la mentoría y la impartición.

Eliseo podría haber muerto siendo agricultor si no hubiera tenido contacto con el profeta Elías. Dios le había ordenado a Elías que ungiera a Eliseo como su sucesor.

1 Reyes 19:16: **«Unge entonces a Jehú, nieto de Nimsi, como rey de Israel, y unge a Eliseo, hijo de Safat, de la ciudad de Abel-mehola, para que te sustituya como mi profeta».**

Eliseo estaba en el campo, ocupado en sus asuntos, cuando Elías, siguiendo las instrucciones de Dios, se acercó y le echó su manto. [Véase 1 Reyes 19:19-21]

Echarle el manto fue simplemente una invitación a una vida de impacto. La respuesta de Eliseo fue quemar su arado y su equipo, destruyendo así cualquier posibilidad de regresar a su antigua vida. Esta historia podría ser el ejemplo más claro de mentoría en el Antiguo Testamento.

Revela mucho sobre el papel tanto del protegido como del mentor. En su primer encuentro con Elías, Eliseo está dispuesto a dejar atrás su trabajo, su familia y la vida que había forjado hasta entonces para seguir a un hombre que le ofrece su mentoría.

1. Un protegido o aprendiz debe estar dispuesto a dedicar tiempo a la tarea de mentoría antes de calificar para su propia tarea.

Se puede aprender mucho observando la vida de otra persona. Podemos aprender de sus hábitos y disciplinas, de cómo se relaciona con los demás e incluso de sus faltas. Un hombre destinado a una doble porción pasó años sirviendo a Elías.

2. Los aprendices verán su fe puesta a prueba, pero deben estar dispuestos a permanecer con el mentor incluso en las dificultades (2 Reyes 2:6-7).

Los eruditos bíblicos creen que Eliseo sirvió a Elías durante al menos 6 años.

Elías le dijo a Eliseo tres veces que se quedara, pero en cada ocasión su asistente se negó a separarse de su lado. Otros observaban desde la distancia, pero Eliseo quería una visión cercana y personal de lo que Dios estaba a punto de hacer.

En su primer encuentro, Elías puso su manto sobre los hombros de Eliseo, pero aún no era el momento de que asumiera el manto del profeta. Después de que Eliseo demostró su fidelidad como asistente, Elías le dejó su manto como señal de que había llegado el momento de que el joven cumpliera los planes de Dios para él. En lugar de celebrar que su hora había llegado, Eliseo se sintió destrozado al ver partir a su mentor, demostrando que no estaba sirviendo a Elías solo para avanzar en su propio futuro.

3. El aprendiz debe esperar pacientemente hasta el momento designado para asumir las responsabilidades dejadas por otros.

No es tarea del mentor perseguir a su protegido, pero este relato bíblico muestra que el éxito de Eliseo se debió a la incansable búsqueda de su protegido. A veces, nuestra visión del mentor se ve cuestionada al ver su lado humano. Sin embargo, la recompensa es grande para los aprendices que superan esas dificultades hasta que reciben claramente la posta.

4. Las asociaciones determinarán el tipo de impartición en tu vida.

5. Tu pasión determinará la calidad de tu vida. (1 Reyes 3:1ss.)
El amor de Salomón por Dios y su deseo de sabiduría son un gran ejemplo.

6. Sé un adorador. (2 Samuel 6:14-22, 1 Reyes 3:10, Salmo 107:9)

7. Sed de lo sobrenatural: El nivel de tu sumisión a la Palabra y al Espíritu Santo determinará la cantidad de unción en tu vida. (Juan 7:37-38, Hechos 4:29-31).

8. Sé sensible a las conexiones divinas.

9. Sé diligente. (Proverbios 22:13, 1 Tesalonicenses 3:10)

Todos necesitamos un Elías y un Eliseo en nuestras vidas, ya sea en reuniones individuales o en grupos pequeños donde compartimos la vida. Cada uno de nosotros está llamado a invertir en los demás y a dejar que otros inviertan en nosotros.

Lo cierto es que, a veces, nuestros mentores y aprendices pueden decepcionarnos, traicionarnos o abandonarnos, pero no debemos pasar por alto los importantes beneficios de este principio del Reino.

10. Debe estar dispuesto al sacrificio.
El sacrificio es dar lo mejor de uno a quien más se ama (Génesis 22, Lucas 9:61-62).

El amor y la influencia de la familia y los amigos a veces pueden obstaculizar nuestro llamado.

El costo de la familia (Lucas 14:26), el costo de la carrera (Lucas 5:11), el costo de la persecución (Lucas 14:27, Hechos 8:1).

Pero su recompensa siempre superará el costo. No creo que cuando lleguemos al cielo, nadie diga que sacrificó demasiado por Dios.

11. Debe estar dispuesto a ser humilde y servir a los demás. (2 Reyes 3:11, Mateo 20:26-27, Filipenses 2:5-7)

12. Debe estar dispuesto a perseverar. (1 Crónicas 16:11, 2 Crónicas 15:7, Romanos 12:12, Hebreos 10:23)

RUT y NOEMI

Rut y Noemí ejemplifican cómo las recompensas pueden superar nuestros sacrificios. Noemí es la mentora de Rut.

Algunos versículos clave del libro de Rut

Rut 1:16-17: «**Pero Rut respondió: «No me insistas en que te deje ni en que me aleje de ti. Adonde tú vayas, iré yo, y donde vivas, viviré. Tu pueblo será mi pueblo y tu Dios, mi Dios. Donde tú mueras, moriré yo, y allí seré sepultada. Que el Señor me trate con la mayor severidad, aunque la muerte nos separe»**.

Rut 2:11-12: «**Booz respondió: «Me han contado todo lo que has hecho por tu suegra desde la muerte de tu esposo: cómo dejaste a tu padre, a tu madre y a tu tierra natal, para venir a vivir con un pueblo que no conocías. Que el Señor te recompense por lo que has hecho. Que el Señor, Dios de Israel, bajo cuyas alas has venido a refugiarte, te recompense con creces»**.

Rut 3:3: "**Un día, Noemí, la suegra de Rut, le dijo: "Hija mía, necesito encontrarte un hogar donde estés bien provista.**"

Rut 4:13-14: "**Booz tomó a Rut y ella se convirtió en su esposa. Cuando**

se unió a ella, el Señor le permitió concebir y dio a luz un hijo. 14 Las mujeres dijeron a Noemí: "¡Alabado sea el Señor, que hoy no te ha dejado sin un guardián redentor! ¡Que sea famoso en todo Israel!".

El libro de Rut en la Biblia comienza describiendo una hambruna en la tierra, que llevó a Elimelec a buscar refugio en un país extranjero, específicamente en Moab, con su esposa Noemí y sus dos hijos, Mahlón y Quelión. Con el tiempo, Elimelec murió, dejando a Noemí viuda. Sus dos hijos se casaron con mujeres moabitas. Después de un tiempo, ellos también murieron, dejando viudas a sus esposas, Orfa y Rut. Fue poco después de la muerte de los dos hijos de Noemí que ella supo que **"el Señor había visitado a su pueblo (en Judá) dándoles pan"**. (Rut 1:6) La vida era difícil para Noemí en Moab, así que decidió regresar a Judá.

El compromiso inquebrantable de Rut se evidencia en la historia cuando se lo contó a Noemí (Rut 1:16-17).

En Belén, la única manera de sobrevivir era encontrar trabajo, y por la providencia de Dios, Rut se encontró en el campo de un hombre muy rico llamado Booz, quien finalmente se casó con ella.

LECCIONES DE RUT Y NOEMI

1. Todos fuimos diseñados para dejar huella, y Dios nunca nos olvidará.

   Estas viudas nunca imaginaron que su trágica historia se convertiría en un testimonio escrito en la palabra de Dios para influir en generaciones. Él siempre nos guiará por mejores caminos si confiamos y seguimos los principios del Reino.

2. Para vivir una vida significativa e impactante, debemos estar dispuestos a ayudar a los demás, incluso cuando nuestras propias necesidades sean apremiantes.

Nunca debemos estar demasiado ocupados viviendo nuestras propias vidas como para no poder ayudar a los necesitados. Cuando ayudamos a otros en momentos difíciles, Dios hará que otros nos ayuden en nuestros propios momentos de necesidad. Al dar, creamos oportunidades para recibir.

3. Vive una vida de esperanza.

Las situaciones que enfrentamos nunca son demasiado grandes para que Dios las supere.

Vivir con esperanza significa confiar en que Dios nos dará lo que necesitamos en cualquier momento. La mayoría de las veces, esto sucede cuando menos lo esperamos.

4. Seremos recompensados, no solo por nuestra fe, sino también por nuestras buenas obras.

Booz se enteró de la ayuda que Rut le había ofrecido a Noemí, y Rut se ganó su favor. Puede que la gente no se dé cuenta de lo que haces por los demás, pero Dios siempre está observando y recompensa tanto en esta vida como en la venidera. (Lucas 6:23)

Capítulo 18

Lecciones de Pablo y Timoteo

Estos dos hombres son excelentes ejemplos para nosotros, quienes buscamos ser mentores y ser mentores de otros.

Timoteo era un joven que comenzó a viajar con Pablo y Silas cuando visitaron Listra durante su segundo viaje misionero (Hechos 16:1). Su firme compromiso con el Señor lo llevó a circuncidarse para no ofender a los judíos religiosos con los que se encontrarían. [Ver Hechos 16:3]

Al hacer esos sacrificios, no se dio cuenta de que su nombre estaría en la Biblia. ¡Qué honor! Pablo llamó a su joven protegido **"mi hijo en la fe"** (1 Timoteo 1:2,18, 2 Timoteo 1:2).

En la historia de Pablo y Timoteo, vemos que el discipulado significa trabajar codo con codo por el reino.

Hierro con hierro se afila (Proverbios 27:17). Toda mentoría en el Reino requiere ánimo, reprimenda cuando sea necesario y compartir una carga común por un mundo perdido (2 Timoteo 3:10-15).

Timoteo se convirtió en una figura clave en la iglesia primitiva debido a la inversión de Pablo en su vida cuando aún era joven.

[ ] Tanto Timoteo como Pablo necesitaban las actitudes adecuadas para que esta relación de mentoría tuviera éxito.

[ ] Timoteo necesitaba ser humilde y dócil. Incluso decidió circuncidarse para ser un testigo más eficaz de Cristo.

[ ] Pablo tuvo que ser paciente mientras el joven Timoteo crecía en sabiduría y fe. Dedicó mucho tiempo a enseñarle e incluso le escribió dos libros del Nuevo Testamento. Para entonces, pastoreaba la iglesia de Éfeso (1 Timoteo 1:3).

[ ] A Timoteo se le recordaba con frecuencia que debía proteger la verdad que se le había confiado y mantener su pasión por el ministerio (1 Timoteo 1:18; 4:14; 6:20).

[ ] Timoteo se convirtió en representante de Pablo y le trajo noticias de las iglesias mientras este estaba en prisión (1 Tesalonicenses 3:6; 2; Filipenses 2:19).

[ ] Pablo no protegió a su joven discípulo de las realidades del ministerio, entendiendo que aprender a soportar el sufrimiento era parte de la formación de Timoteo (2 Timoteo 2:3, 4:5).

Para alcanzar su máximo potencial, todos necesitan un mentor y un Timoteo en su vida. ¿Quiénes son tu Pablo y tu Timoteo?

Capítulo 19

La Relación De Mentoría Entre Moisés y Josué

"Josué, hijo de Nun, fue lleno del espíritu de sabiduría, porque Moisés le había impuesto las manos." (Deuteronomio 34:9)

Josué tuvo su camino con Dios; siguió plenamente al Señor. Pero la imposición de manos de Moisés le impartió el espíritu de sabiduría. Josué, además de Moisés, demostró un carácter personal; sin embargo, a través de las manos de Moisés, Dios le dio a Josué el **"espíritu de sabiduría"**.

Josué no solo recibió sabiduría mediante la impartición, sino que su ministerio singular también le permitió a Dios otorgar una gran fe a Israel. El Señor le dijo a Moisés: **"Anímalo** [a Josué], **porque él hará que Israel herede** [la tierra]".

Josué no solo lideró a los israelitas; los ayudó a heredar las promesas de Dios. Hay personas que Dios ha puesto en nuestras vidas, cuya fe, ejemplo y aliento nos "harán" triunfar.

Dios ha puesto en tu vida personas cuya influencia te llevará a heredar sus promesas. Tienes la responsabilidad de actuar con discernimiento.

Al ser mentores de otros, debemos ser pacientes. Moisés no nombró a Josué inmediatamente segundo o tercero al mando; simplemente le dio la oportunidad de servir. Debemos tener cuidado de no apresurar a las personas.

Se dice que quién será nuestro sucesor debe ser de suma importancia para nosotros.

Dios finalmente elegirá al hombre, pero podemos ayudar a preparar a los hombres que Dios podría elegir.

Al preparar a nuestro sucesor, debemos honrarlo y hacer todo lo posible para apoyarlo y que tenga éxito.

"No alcanzaremos el éxito hasta que tengamos un sucesor y lo convirtamos en un éxito." -Austin Gardner

1. Josué demostró amor y dedicación al Señor y a su tabernáculo (Éxodo 33:9-12).

   Josué estuvo constantemente cerca de Moisés, aprendiendo, observando, creciendo y madurando. La mayor parte de la preparación para el liderazgo suele ocurrir tras bambalinas y pasa desapercibida. Más que las habilidades de liderazgo, el conocimiento y el amor a Dios son esenciales para nuestro crecimiento y nuestra disposición a influir en los demás.

2. Josué aprendió de Moisés una lección sobre la humildad (Números 11:24-30).

   Los buenos mentores confían en su llamado y no se sienten amenazados por los dones y las bendiciones de los demás. No sienten envidia cuando ven que Dios usa a alguien más. No necesitan defender su postura.

3. Josué recibió la oportunidad de continuar su servicio y capacitación tras la victoria sobre Amalec (Éxodo 17:8-16; 24:12-14). Recibió más oportunidades de aprender y crecer como líder porque había demostrado su valía en esta batalla. Su ascenso fue a un puesto de servicio.

4. Josué demostró su valentía a pesar de los temores de la mayoría (Números 13-14).

Mientras otros se concentraban en los obstáculos, Josué reconoció lo que el Señor podía hacer por ellos. De Josué, aprendemos que quienes aspiran a ser líderes piadosos deben defender lo correcto incluso cuando todos los demás optan por hacer lo incorrecto. No deben dejarse intimidar ni dejar que el miedo los domine.

5. Moisés preparó a Josué para recibir la batuta del liderazgo (Números 27:12-23). Lo honró delante del pueblo, lo animó, lo desafió y le recordó que Dios estaría con él (Deuteronomio 31).

6. Llegó el día en que Josué tuvo que dar un paso al frente y liderar al pueb lo sin la ayuda de Moisés (Josué 1).

La mentoría correcta prepara a los hombres para el día en que deban permanecer solos sin su mentor. Necesitamos aprender todo lo que po damos porque algún día llegará nuestra oportunidad de liderar.

La humildad y el quebrantamiento son esenciales para vivir una vida de impacto.

Proverbios 22:4: **"La humildad es el temor del Señor; su salario son las riquezas, la honra y la vida".**

Capítulo 20

El Ayuno Para Una Vida de Impacto

La humildad y el quebrantamiento a menudo se asocian con el ayuno, el arrepentimiento, el retorno al Señor (Joel 2:12-13) y la humillación ante Dios (Salmo 69; Salmo 35). El verdadero ayuno y la oración, como los describe Jesús en Mateo 6, nunca buscan la autocomplacencia ni impresionar a los demás.

El ayuno es el acto de abstenerse de algo, especialmente de comida, durante un período específico. En hebreo, la palabra «ayuno» significa taparse la boca con la mano.

Comemos para vivir, pero a veces nuestros apetitos se descontrolan, lo que nos lleva a hábitos poco saludables, pensamientos negativos y malos comportamientos.

El ayuno humilla el alma ante Dios, niega y domina los apetitos, y revela un deseo sincero de buscar a Dios. Nos fortalece contra la opresión demoníaca y nos ayuda en la oración. Nos prepara para grandes obras y nos permite superar obstáculos persistentes. (Mateo 17:21)

El ayuno es una práctica bíblica que se encuentra tanto en el Antiguo como en el Nuevo Testamento. Influye en el cuerpo, el alma y el espíritu. (1 Tesalonicenses 5:23)

La actividad física fortalece el cuerpo. La educación beneficia la mente, pero no el cuerpo. La adoración influye en el espíritu, pero el ayuno impacta todos los aspectos de la vida.

La iglesia primitiva fomentaba los ayunos colectivos por razones específicas. El diccionario bíblico afirma que ayunaban regularmente, todos los miércoles y viernes.

Tristemente, después de aproximadamente un siglo, se convirtió en una rutina religiosa para obtener honor de la gente.Jesus endorsed fasting. (Matthew 6:16)

Al igual que la oración y la ofrenda, el ayuno debe formar parte de una vida de fe sana.

Se cree que Ana, de Lucas 2:36-38, tenía más de 100 años. Consideraba la oración y el ayuno como su ministerio a tiempo completo.

En Hechos 10:10-31, Cornelio ayunó antes de recibir una visita sobrenatural, lo que condujo a la salvación de toda su familia, quienes fueron llenos del Espíritu Santo mientras Pedro les predicaba la palabra de Dios.

La iglesia primitiva practicaba el ayuno antes de recibir una revelación de la voluntad de Dios para la primera obra misionera y antes de seleccionar líderes. (Hechos 13:1-3, 14:23)

Vivir una vida de ayuno es un estilo de vida saludable. (1 Corintios 9:27)

VIVIENDO UNA VIDA DE IMPACTO

Si tu vida va a influir en otros por la eternidad, necesitas desarrollar un estilo de vida constante de oración y ayuno. Debes cultivar la insatisfacción con tu nivel actual de actuación y buscar más. Vivimos en un mundo de poderes en conflicto, y el poder menor siempre se someterá al poder mayor. (Salmo 63:1-3, 1 Pedro 5:8)

1. La oración y el ayuno son la base del empoderamiento.

Una generación que no ora ni ayuna será impotente. Es mediante la

oración y el ayuno que ganamos la mayoría de las batallas que enfrentamos.

2. La oración y el ayuno son la base de la santificación y la santidad.
   This involves being set apart in purity for your assignment.

Ayuno para la Pureza y la Santidad

La santidad significa negarnos a nosotros mismos lo que deseamos y
abrazar lo que Dios desea.

El ayuno nos brinda humildad, que solo se preocupa por lo que Dios
piensa.

Cuando ayunamos, nos abrimos a la guía del Espíritu. El ayuno nos
ayuda a dejar atrás nuestras tendencias egoístas. Renunciamos a nuestros
propios deseos para seguir lo que Dios desea. (Daniel 1:8, Lucas 9:23-25)

Algunos hábitos no desaparecen por sí solos. Dios sigue buscando vasos
puros. (Nehemías 1:5-7, Daniel 9:2-9)

3. La oración y el ayuno sirven como base para avances sobrenaturales y
   sabiduría divina. (Isaías 58:6-12, Daniel 1:4, 2:16-23)

La sabiduría es el uso del conocimiento, de manera apropiada y oportuna.

4. La oración y el ayuno sirven como plataforma para el brote de revelación.

La carne a menudo puede obstruir la revelación espiritual. El ayuno nos
humilla ante Dios, permitiéndonos verlo y escucharlo con mayor clari-
dad.

A Dios le importa más el motivo y la condición del corazón que la duración o el tipo de ayuno.

En la Biblia, muchas personas ayunaron buscando la intervención de Dios, y ninguna quedó decepcionada (Esdras 8:21-23, 26).

Para Esdras y el pueblo que él dirigía, el viaje de regreso a casa fue muy difícil. Solo gracias a la protección de Dios llegaron sanos y salvos. Los enemigos árabes se esforzaban por atacar las caravanas y a cualquiera que se cruzara en su camino. Fue un viaje de 1450 kilómetros que duró cuatro meses. Sin la protección de Dios, nunca habrían llegado sanos y salvos a casa.

El plan de Dios ya era que regresaran a Jerusalén, un lugar de paz, donde habitaba la presencia de Dios y abundaba la prosperidad (Esdras 1:2-3).

Pero tenían la responsabilidad de buscar su protección mediante la oración y el ayuno.

Dios desea que todos llevemos vidas productivas, pero es posible ser abrumado por el poder de Satanás si no nos preparamos para la victoria mediante la oración y el ayuno.

Cuando nos enfrentamos a una situación aparentemente imposible, siempre es momento de orar y ayunar.

Hace varios años, cuando era joven y estudiaba en la Biblia, enfrenté serios desafíos antes de conseguir una plaza. Alguien me había prometido un pasaje y patrocinio en una universidad bíblica en Estados Unidos si conseguía ir a Londres. Al llegar, lo llamé, solo para que me dijera que bromeaba y que no tenía intención de ayudarme. Estaba a solo unos días de quedarme sin hogar por no tener pasaje para regresar a mi país, Uganda. Me humillé ante el Señor en oración y ayuno durante varias semanas. Finalmente, se me abrió la puerta a una de las mejores universidades bíblicas de Londres, el Instituto Bíblico Internacional de Londres. Milagros tras milagros ocurrieron con respecto a mi alojamiento y matrícula. La universidad me patrocinó para mi último año allí. Por la gracia de Dios, durante ese tiempo, ayudé a liderar esfuerzos con otros ministros para ser pionero en dos iglesias. Después de completar mi formación, la universidad me patrocinó para comenzar un ministerio durante mi primer año de regreso a Uganda.

En mi experiencia, desarrollar un estilo de vida de oración y ayuno ha transformado muchas tragedias en testimonios.

En 2 Crónicas 20, el ayuno condujo a la liberación de un poderoso enemigo. Al orar y ayunar, los enemigos comenzaron a desconfiar unos de otros y terminaron destruyéndose a sí mismos. Lo que se suponía que sería un valle de batallas se convirtió en un valle de bendiciones. Creo que cada batalla librada a la manera de Dios se convertirá en un testimonio de bendición.

1. Se han evitado juicios cuando la gente ayunó. (Jonás 3:5-11, 1 Reyes 21:25-29)

2. Los planes de los enemigos contra el pueblo de Dios se han revertido cuando el pueblo de Dios ayunó. (Ester 4:15, 9:1)

   El ayuno es una herramienta que podemos usar cuando hay oposición a la voluntad de Dios.

   A Satanás le gustaría causar división, desánimo, derrota, depresión, duda y muerte entre nosotros.

   Dios siempre ha usado el ayuno, tanto colectivo como individual, para asestar un golpe decisivo al enemigo.

3. El ayuno mejorará tu capacidad para manejar el estrés; ofrece recom pensas mentales y fomenta la cercanía con Dios. (Isaías 26:3)

EL AYUNO Y LOS BENEFICIOS DE DANIEL

Daniel 1:8-9: "Pero Daniel decidió no contaminarse con la comida y el vino del rey, y pidió permiso al oficial principal para no contaminarse de esa manera. Ahora bien, Dios había hecho que el oficial mostrara favor y compasión hacia Daniel."

Del texto anterior, vemos a Daniel y sus amigos, quienes estaban cautivos. Sentían pasión por Dios a pesar de encontrarse en una situación muy difícil. Decidieron no contaminarse, sino mantenerse puros ante Dios.

El Ayuno de Daniel, como cualquier otro ayuno, puede servir como un recordatorio tanto espiritual como físico para confiar en Dios. La verdadera plenitud se encuentra en Él, no en las comodidades de la comida.

Es una forma de ayuno parcial que se centra en las verduras y otros alimentos integrales y saludables.

El Ayuno de Daniel se menciona específicamente en la Biblia, en dos partes del Libro de Daniel.

Daniel 1:12: «Te ruego que hagas una prueba con tus siervos durante diez días y que nos den legumbres para comer y agua para beber».

Daniel 10:2-3: «En aquellos días, yo, Daniel, estuve de luto durante tres semanas enteras. No comí manjar delicado, ni entré en mi boca carne ni vino, ni me ungí con ungüento, hasta que se cumplieron las tres semanas».

El ayuno, de cualquier tipo, es una disciplina natural que puede producir resultados extraordinarios. He visto que el ayuno funciona cuando nada más funciona.

Moisés, Elías, Ester, Esdras, Job, David, Daniel, Pedro, Pablo e incluso Jesús ayunaron.

La Biblia contiene más de 70 referencias al ayuno. Incluye muchos tipos de ayuno, como:

Un ayuno estándar (solo agua), un ayuno absoluto (sin agua ni alimentos) y un ayuno parcial (que restringe ciertas categorías de alimentos y bebidas).

Beneficios Potenciales

Daniel y sus amigos, después del ayuno, estaban más sanos y eran diez veces mejores que los magos. (Daniel 1:12-19)

Cuando ayunas y oras, estas prácticas van de la mano en las Escrituras; buscas a Dios en tu vida y te abres a experimentar una renovada dependencia de Él. Esta es una disciplina tanto natural como espiritual que implica negar tus impulsos físicos y mentales, porque tu estómago y tu cerebro probablemente trabajarán arduamente para recordarte cuándo y qué quieren comer.

¿Cómo puede un ayuno de Daniel ayudarte físicamente?

Durante un ayuno, muchos sistemas corporales descansan del esfuerzo de digerir los alimentos que normalmente procesan. La energía adicional que el cuerpo utiliza le ayuda a recuperarse, mientras que quemar las calorías almacenadas ayuda a eliminar las toxinas acumuladas.

El tracto digestivo es la zona del cuerpo más expuesta a las amenazas ambientales, como bacterias, virus, parásitos y toxinas. Además, la mayor parte del sistema inmunitario reside en él, por lo que necesita mantenerse en óptimas condiciones.

Cuando los alimentos se descomponen en los intestinos, viajan a través de la sangre hasta el hígado, el órgano más grande del cuerpo para la desintoxicación natural.

El hígado descompone y elimina los subproductos tóxicos de la digestión, incluyendo los naturales y las sustancias químicas presentes en los alimentos y las comidas diarias. Durante un ayuno, el hígado y el sistema inmunitario quedan esencialmente libres para desintoxicar y sanar otras partes del cuerpo.

Algunos de los beneficios potenciales de un ayuno de Daniel se pueden clasificar en varias áreas: espiritual, mental y emocional, y física.

Beneficios Espirituales

El crecimiento espiritual es una de las principales razones para ayunar.
- El ayuno te ayuda a sentirte más conectado con Dios.
- El ayuno mejora tu sensibilidad a la voz de Dios.
- El ayuno puede ayudar a romper malos hábitos o incluso adicciones.
- El ayuno revela nuestras debilidades y nos ayuda a depender de la fuerza de Dios.

Beneficios Mentales e Espirituales

Los beneficios del ayuno varían según la persona, pero se han observado los siguientes:
- El ayuno ayuda a reducir la ansiedad y el nerviosismo.
- El ayuno puede fomentar la paz y la paz.
- El ayuno puede ayudar a despejar la mente de pensamientos y sentimientos negativos.
- El ayuno puede ayudar a sanar relaciones estresantes.
- El ayuno puede reducir la confusión mental.
- El ayuno ayuda a aumentar la confianza en Dios.
- El ayuno ayuda a eliminar toxinas que pueden causar letargo o depresión.

Beneficios Físicos

Algunos beneficios para el cuerpo:
- El ayuno ayuda a superar la adicción al azúcar.
- El ayuno favorece la desintoxicación del cuerpo.
- El ayuno ayuda a perder peso.
- El ayuno promueve niveles saludables de energía.
- El ayuno favorece la salud de la piel.
- El ayuno promueve una digestión y una eliminación saludables.
- El ayuno favorece una respuesta inflamatoria saludable y promueve el bienestar articular.
- El ayuno promueve un equilibrio hormonal saludable.

Una dieta rica en verduras y frutas es conocida por reducir la inflamación y la oxidación corporal, dos procesos clave que pueden causar problemas de salud. ¡Con razón Daniel y sus amigos lucían más saludables que los demás!

Ayunar no es solo evitar la comida; para obtener sus beneficios, hay medidas inteligentes y saludables que considerar.

Asiste a las reuniones de oración y lee la Biblia más de lo habitual. Ayuna de comida, pero deléitate con la Palabra, realiza actos de bondad por los demás y cumple con tus compromisos.

Capítulo 21

El Ayuno Es Un Sacrificio

Se dice que no hay éxito sin sacrificio. Si triunfas sin sacrificio, es porque alguien más se sacrificó antes.

También se dice que si te sacrificas pero no ves éxito, es porque alguien triunfará después de ti.

El ayuno siempre ha sido el precio que las personas pagan por lograr grandes avances en sus vidas en todas las áreas de influencia.

El ayuno es un sacrificio porque renuncia a los placeres de la carne para acercarse a Dios. Es costoso, por eso muchos lo evitan o intentan justificarlo. Un lugar entre los grandes espera a quienes estén dispuestos a sacrificarse.

Juan 10:17-18: **«Por eso me ama el Padre, porque yo pongo mi vida para volverla a tomar. Nadie me la quita, sino que yo la pongo por mi propia voluntad. Tengo poder para ponerla y poder para volverla a tomar. Este mandato recibí de mi Padre».**

BENEFICIOS DEL SACRIFICIO

1. Libera poder (2 Corintios 1:18, 2 Reyes 3:27).

   Este poder puede pertenecer a Dios o a Satanás.

   Sin la unción de Dios en tu vida, serás una carga para quienes te rodean.

   El poder de Dios en ti te permitirá librarte de los perseguidores obstinados (Éxodo 14:2-4, Hechos 12:5).

Siempre ha existido una conexión entre el ayuno y el empoderamiento. En una generación que busca la gratificación instantánea y las respuestas rápidas, el ayuno ayuda a frenar la codicia y los deseos carnales.

El ayuno es un acto físico que ofrece recompensas tanto espirituales como físicas.

2. Es un momento de autoexamen. (2 Samuel 12:21-22)

David ayunó para prepararse para la respuesta de Dios. Creo que la abundancia siempre está presente en la presencia de Dios para quienes están dispuestos a esperar en Él. (Joel 1:14, 2:24-29)

3. Se desatarán ángeles guerreros. (Daniel 10:12-14)

Ser salvo no exime a nadie de los ataques ni las limitaciones de Satanás. Jesús fue atacado durante sus 40 días de oración y ayuno. (Mateo 4:3)

4. Fomenta el favor. (Ester 4:15-17)

5. Es clave para la fecundidad. (Juan 12:23-24, Lucas 1:80, 4:21)

SABER CUÁNDO AYUNAR

El ayuno requiere disciplina, pero como seres humanos, no siempre queremos hacer lo que nos conviene.

1. Sé siempre rápido cuando Dios te guíe.

2. Como creyente dedicado, sigo un horario de ayuno regular o cuando me enfrento a una situación que requiere fuerza y ayuda adicionales.

3. Actúa siempre con rapidez ante tareas importantes. (Nehemías 1:3-4).

Nehemías necesitaba fuerza y discernimiento para tomar las decisiones correctas.

4. Al enfrentar nuevos desafíos (Esdras 8:21-23).

5. Al enfrentar peligro físico, confusión o miedo (2 Crónicas 20), el ayuno es más efectivo que preocuparse o apresurarse a forzar una solución.

6. Cuando te encuentras en una sociedad sin Dios.

Podemos encontrarnos en sociedades inmorales, tratando con empresarios poco éticos, idólatras o personas que no valoran la vida humana. Tu ayuno en tales situaciones atraerá la atención e intervención de Dios.

7. Ayuna para la intervención divina en favor de tu familia, iglesia o comunidad contra la rebelión, las adicciones y la brujería.

8. Al asignar nuevas responsabilidades.

Los líderes moldean el rumbo de la iglesia u organización. Influyen en si experimenta crecimiento y prosperidad o estancamiento y declive.

9. Actúa con rapidez cuando te sientas inquieto. A veces es Dios quien despierta tu consuelo, o es el ataque de Satanás.

10. Ayuna cuando te enfrentes a ciclos de problemas sin sentido.

11. Ayuna para recibir ayuda angelical e intervención sobrenatural. (Hechos 12:5, 11; Joel 1:14)

DIFERENTES TIPOS DE AYUNOS

Hay dos tipos de ayuno: corporativo e individual.

Un líder siempre convoca un ayuno colectivo. Esto une a las personas en arrepentimiento e intercesión, lo que las acerca a Dios. (Esdras 8:2-23)

El ayuno individual ocurre cuando una persona decide ayunar por motivos personales. (Salmo 35:13, 1 Samuel 1:8)

El ayuno nos ayuda a concentrarnos en el Dios que hace promesas, en lugar de en los problemas y el hambre. También nos permite reconocer la fidelidad de Dios cuando llega la respuesta.

El ayuno no se trata solo de evitar la comida por placer; también se trata de obtener recompensas. El reino de Dios siempre funciona según el principio de las recompensas.

Es bíblico esperar recompensas cuando obedecemos a Dios. Cuando ores, siempre espera respuestas; cuando des, siempre espera abundancia de Dios.

Es importante escribir lo que esperas al comenzar o durante el ayuno. Sin embargo, no esperes recompensas basadas en deseos egoístas. (Santiago 4:3, Mateo 6:17-18)

Una recompensa es aquello por lo que creemos en Dios: la respuesta, la solución, la provisión, la salvación de nuestros seres queridos, la sabiduría, la valentía, la liberación y la protección que buscamos.

En la Biblia, cada ayuno tenía un objetivo específico que alcanzar.

ALGUNAS DE LAS RECOMPENSAS BÍBLICAS CUANDO AYUNAMOS

Jesús sirvió como modelo para todo verdadero hijo de Dios. Lucas 4 y Mateo 4 registran su ayuno de 40 días antes de comenzar su ministerio. Los resultados se muestran en Lucas 4:14, donde regresó con el poder del Espíritu Santo. A partir de ese momento, Hechos 10:38 describe cómo influyó en las personas.

Hechos 10:38: "...Cómo Dios ungió a Jesús de Nazaret con el Espíritu Santo y con poder, y cómo este anduvo haciendo el bien y sanando a todos los oprimidos por el diablo, porque Dios estaba con él".

Isaías 58 habla tanto de un ayuno religioso falso como de un ayuno espiritual genuino. Cuando participamos en un ayuno real, los beneficios son increíbles.

1. Desata las ataduras de la maldad. Las ataduras son cosas que te detienen. (Hebreos 12:1) ¿Qué podría estar impidiéndote alcanzar tu siguiente nivel?

2. Aleja las cargas pesadas.

   En hebreo, la palabra "deshacer" significa arrancar. El ayuno nos quita las cargas violentamente.

3. Libera a los oprimidos. Esto significa que los desanimados, los heridos y los quebrantados son liberados.

4. Rompe todo yugo. Un yugo es una atadura o un mal hábito que pareces no poder superar.

5. Comparte tu pan con el hambriento. Durante este ayuno, el objetivo es alimentar al hambriento y vestir al desnudo.

6. Entonces tu luz brillará como el mediodía.

   Habrá una abundancia de revelación al deleitarte en la palabra.

   Experimentarás un torrente de ideas divinas que traerán crecimiento en cada área de tu vida.

7. Tu salud se recuperará rápidamente. Los retrasos en tu salud en todas

las áreas se resolverán.

8. La justicia irá delante de ti, y Su gloria será tu retaguardia. Esto significa que tendrás un escudo protector contra ataques frontales, y Dios mismo te protegerá por detrás, de las amenazas invisibles e inesperadas.

9. Entonces invocarás, y el Señor responderá. Esto significa que pedirás ayuda divina, y la provisión llegará de inmediato.

10. Y el Señor te guiará siempre.

11. Él saciará tu alma en tiempos de sequía y fortalecerá tus huesos; serás como un jardín bien regado y como un manantial cuyas aguas nunca faltan.

    Esto significa que el suministro divino siempre estará disponible, sin importar la ubicación o la condición.

12. Reconstruirá las ruinas antiguas, levantará los cimientos de muchas generaciones, será llamado reparador de portillos, restaurador de calzadas para habitar.

Esto significa que Él te usará para transformar tierras desoladas en lugares fructíferos, y las relaciones se restaurarán. En el ministerio, lo que ves improbable se convertirá en un centro de alcance internacional. Tomarás vidas desoladas y estériles y las transformarás en personas ingeniosas.

Mientras escribo este capítulo, estamos en India, en una ciudad llamada Varanasi, conocida por sus templos. Mi amigo y yo estamos en nuestra segunda semana de visita misionera en este país. Hemos estado impartiendo seminarios de capacitación para líderes y dando charlas en varios lugares. Hemos visto muchas vidas tocadas por el poder de Dios.

¿Quién hubiera pensado que alguien como yo, de un pequeño pueblo de Uganda, podría viajar a naciones donde la mano de Dios está transformando vidas y comunidades?

Al comienzo de cada año, ayunamos para buscar la guía de Dios. Al terminar el ayuno de este año, recibí una llamada del pastor Enrique preguntándome si quería ir a la India en una misión de tres semanas, con todos los gastos pagados. Creo que las recompensas del ayuno valen la pena.

Capítulo 22

Patrones Generacionales Comunes

Cuando se observan ciclos de este tipo de eventos en una familia, es una advertencia para luchar contra esas fortalezas.

1. Locura, trastornos de personalidad y emocionales.
2. Afecciones/enfermedades hereditarias.
3. Dificultades con la concepción, el embarazo y otros problemas sexuales.
4. Divorcio y divisiones familiares.
5. Escasez financiera persistente.
6. Propensión a los accidentes.
7. Suicidios, muertes no naturales, prematuras y violentas.

CAUSAS PRINCIPALES

1. Desobediencia y falta de respeto hacia los padres.
2. Reconocer o adorar dioses falsos.
3. Influencia en el ocultismo.
4. Iniquidad y opresión, especialmente dirigidas a los débiles e indefensos. La iniquidad es una falla en la línea de sangre o un deseo retorcido por un pecado específico, que lleva a las personas a comportarse de ciertas maneras. Esto puede incluir delitos o apetitos incontrolables. Si no se abordan, estos pueden convertirse en la plataforma del diablo para hacer tropezar a las personas a lo largo de generaciones.
5. Todas las relaciones sexuales prohibidas, anormales o ilegales.
6. Antisemitismo: discriminación, prejuicio u hostilidad dirigida hacia los judíos.
7. Dependencia de la fuerza y el conocimiento humanos para oponerse a la causa de los propósitos de Dios.
8. Robo y mentira.

9. Retener los diezmos y las ofrendas de Dios.

10. Palabras negativas dichas por personas con autoridad sobre nosotros.

11. Palabras negativas y ociosas que hablan en contra de nosotros o que son dichas en nuestra contra.

OBSTÁCULOS PARA UN AYUNO EFICAZ

Alguien puede perder las recompensas prometidas por el ayuno. Jesús advirtió contra el ayuno con motivos equivocados (Mateo 6:16).

1. Ayunar para competir. (Isaías 58:4)
   Si disfrutas del ayuno porque te hace sentir bien y superior a los demás, ya has perdido tu recompensa.

2. Ayunar con arrogancia. La arrogancia afirma que no comeré hasta que Dios haga lo que quiero. La actitud correcta debería ser: ayunaré hasta que Dios haga lo que Él quiere.

3. Ayunar como ostentación. (Mateo 6:16-18)

4. Ayunar para jactarse. (Lucas 18:12)
   Debemos ayunar con humildad, no para recibir elogios.

El ayuno no impresiona a Dios y nunca nos hace merecedores de nada de Él. Todo depende de su misericordia y gracia.

Cuando mantienes motivos puros y te concentras en los propósitos de Dios para el ayuno, siempre recibirás grandes recompensas.

Capítulo 23

Manteniendo Viva La Llama de Tu Ayuno

Es común pasar por un ayuno sintiéndose lento, como si no estuvieras progresando espiritualmente ni escuchando a Dios. Podrías sentirte distraído, desanimado, irritable e impaciente. Sin embargo, puedes hacer que tu temporada de ayuno sea de ánimo.

Por favor lea Nehemías 9:1-3

1. Reúnanse con otros creyentes para adorar y orar.

2. Sepárense.
   En nuestro mensaje, se apartan de cualquier influencia no creyente. Su propósito es mantenerse alejados de personas y programas mediáticos tóxicos y minimizar el entretenimiento. Cuiden sus sentidos, controlen sus pensamientos, concéntrense en la Palabra de Dios y presten atención a las indicaciones del Espíritu Santo.

3. Anoten ideas inusuales que les vengan a la mente sobre lo que están orando. Perseveren ante los desafíos y confíen en la fuerza de Dios para completar su camino.

4. Confiesen sus pecados (1 Juan 1:9).

   Durante este tiempo, el Espíritu Santo les mostrará cosas en su vida de las que necesitan arrepentirse. Nómbrenlas y renuncien a ellas. Podría tratarse de algún acto carnal en particular (Gálatas 5:19).

5. Confiesa los pecados de generaciones pasadas que te vengan a la mente o de quienes conozcas. Estos son pecados del pasado que aún pueden impactarnos hoy. Es posible ser víctima de pecados

personales, familiares, comunitarios y nacionales.
Es posible salvarse, pero no liberarse, de las influencias generacionales pasadas. La evidencia reside en patrones o problemas recurrentes que han afectado a personas o familias durante generaciones.

6. Dedicar más tiempo a la Palabra (Nehemías 9:3).
   Se dedicaron a la Palabra durante el ayuno. Escuchar las enseñanzas.

7. Confiesar la Palabra de Dios. (Nehemías 9:3)
   Esta confesión es diferente a reconocer los pecados. Implica confesar lo que Dios dice en su Palabra. Estas son declaraciones de fe.

8. Adorar en espíritu y en verdad. (Juan 4:23-24, Romanos 12:1-2, 28-29, Isaías 29:13)
   Cuando adoras en espíritu y en verdad, comienzas a ascender al reino de lo sobrenatural.

Señales de un verdadero adorador

1. Una vida de gratitud (Colosenses 3:17; 1 Crónicas 16:23-31)
2. Una vida santificada (Proverbios 4:23)
3. Un corazón arrepentido (Salmo 66:18; Deuteronomio 29:18)
4. Un corazón humilde y obediente, un amante de la palabra de Dios, una pasión por su presencia y una persona que vive por fe, no por vista.

REQUISITOS PARA VIVIR UNA VIDA DE IMPACTO

Se necesita cierto nivel de hambre, sed y concentración para recibir de Dios. Muchas personas son despreocupadas, distraídas y descuidadas con respecto a las cosas de Dios.

Una vida de impacto requiere:

1. Amor a Dios y búsqueda de un camino recto. (Hebreos 1:9)
Salmo 45:7: **"Amas la justicia y aborreces la maldad; por eso Dios, tu Dios, te ha exaltado entre tus compañeros, ungiéndote con óleo de alegría."**

2. Revelación de tu elección antes de nacer. Dios nos llama antes de nacer. (Jeremías 1:5-9, 1 Reyes 19:6)
Gálatas 1:15: **"Pero cuando Dios, que me apartó desde el vientre de mi madre y me llamó por su gracia, se agradó de mí."**

3. Desarrollar la valentía para compartir tus dones. Fuimos diseñados para ser conocidos por nuestros dones.

4. Discernimiento (Proverbios 3:5-6, 1 Corintios 2:14-15). Esta es la ca pacidad de emitir juicios sólidos. Es la gracia que reconoces que recibirás. Es cierto que la forma en que vemos es la forma en que aceptamos.

   Eliseo debía cumplir una condición antes de recibir la doble porción: **«Si me ves».** (2 Reyes 2:15)

   La mujer sunamita reconoció que Eliseo era un hombre de Dios. Su vida fue impactada y su testimonio ha inspirado a generaciones. (2 Reyes 4:8-11)

5. Acción. (2 Reyes 4:9-10, Juan 4:19, 27-28) La fe se define como la acción que realizas en respuesta a la palabra de Dios.

6. Servicio a Dios y a los hombres.

   Esta es una mentalidad y una forma de ser que se caracteriza por el servicio dedicado y voluntario a los demás, a menudo priorizando sus necesidades y bienestar.

Servir a Dios y a los demás con corazones o motivos impuros presenta graves peligros.

La historia de la avaricia de Giezi y sus consecuencias es una advertencia para todos nosotros (2 Reyes 5:20-27). La triste historia de Iscariote se encuentra en Lucas 22:3-6.

7. Honra: Se trata de celebrar y recompensar la vasija.

La historia de la sunamita se encuentra en 2 Reyes 4:8-37 y 8:1-6. Ella ofreció hospitalidad al profeta Eliseo y a su siervo Giezi, y Dios la recompensó con un testimonio generacional.

No puedes recibir de la vasija que deshonras (Mateo 10:41; Marcos 6:4-13). Nuestros destinos requerirán diferentes niveles de impartición, por lo que el discernimiento es esencial en nuestras vidas.

Capítulo 24

Viviendo Más Allá de la Tumba

Jesús dijo a sus discípulos: "...toda autoridad me es dada; por tanto, id..."
(Mateo 28:19)

Lo que vemos aquí es a Jesús transfiriendo la misión a sus discípulos.

La autoridad y el poder son para compartir. Si lo que aprendes, logras y acumulas se desvanece contigo, no has logrado un impacto duradero.

Las personas maduras y eficaces ayudan a otros a ser mejores que ellos mismos. Jesús modeló este tipo de vida (Juan 14:12).

¿Qué estás haciendo para preservar lo que Dios te ha enseñado? ¿A quién estás mentoreando? ¿Qué sabes que otros necesitan aprender?

LA HISTORIA DE UNA NIÑA CON IMPACTO GENERACIONAL
[Lea su historia en 1 Reyes 5:1-4]

1. Los pequeños actos pueden tener un impacto significativo.

   Esta joven nunca esperó que su nombre se mencionara en la Biblia. Además, su historia inspiraría valor y fe en muchas personas durante siglos.

   Una solución al dilema de su amo surgió en su mente, basada en su conocimiento de las maravillas que Dios había logrado a través de Eliseo.

2. Una fe firme en el poder de Dios.

123

Estaba cautiva, lejos de su hogar y de cosas desconocidas. Esto pudo haber debilitado su fe, pero su confianza en el poder de Dios se mantuvo firme a pesar de las circunstancias. Todavía creía en la capacidad de Dios para sanar, y esto guió su consejo a Naamán.

3. Deja que la compasión trascienda tus circunstancias

Ella mostró compasión y preocupación por el sufrimiento de Naamán. Su compasión por su jefe trascendió sus circunstancias. Nos recuerda la importancia de la empatía y la buena voluntad hacia los demás, incluso en las situaciones más difíciles.

Todos tenemos la responsabilidad de transmitir lo que Dios nos ha confiado. Debemos compartir el conocimiento con quienes Dios nos trae al camino para preservar lo que nos ha enseñado.

El legado se trata de preservar lo que Dios nos ha permitido saber y lograr. Dios es un Dios generacional, y si la visión que Él te dio muere contigo, no solo has fallado, sino que también le has fallado a Él. El legado se trata de vivir más allá de la tumba.

Lo más importante de un relevo no es correr, sino pasar el testigo. No importa qué tan rápido corras, si se te cae el testigo durante el cambio, que das descalificado junto con todos los demás en tu carril.

DEJA DE VIVIR PARA TI MISMO

¿Qué estás haciendo dentro de tu esfera de influencia para asegurar que tu impacto perdure más allá de tu vida terrenal?

Debemos reconocer que nuestra misión tiene una duración limitada y debemos saber cómo hacer una transición eficaz. Muchas personas necesitan arrepentirse debido a sentimientos de inseguridad, a la protección de sus puestos y a la búsqueda de ambiciones personales.

Reprimir a otros significa que debes permanecer abajo con ellos; esto limita tu progreso. Impartir a otros significa libertad para expandirte.

Que el Señor nos dé el Espíritu que otorgó a Elías, para estar dispuestos a transmitir el manto.

Que el Señor nos dé el Espíritu que otorgó a David, para que estemos dispuestos a transmitir recursos a nuestros hijos e hijas para que construyan lo que nosotros no pudimos construir.

Que el Señor nos dé el Espíritu que otorgó a Moisés, para levantar a Josué, quien llegará más lejos que nosotros.

Que el Señor nos dé el Espíritu que otorgó a Pablo, para que tengamos sabiduría para transmitir lo que depositaste en nosotros a al menos cuatro generaciones.

Señor, danos la gracia de guiar y capacitar a otros, lo cual será mejor que nosotros mismos.

Capítulo 25

¿Qué Viene Después De La Impartición?

El propósito de la impartición es capacitarnos y equiparnos para servir a los demás. Sin embargo, creo que es posible recibir una impartición y aun así vivir una vida desperdiciada. La impartición nos llega en forma de semilla; si no se riega y nutre, no se debe esperar cosecha.

A continuación, se presentan algunas cosas que se pueden hacer para activar la impartición.

1. Diligencia:

La diligencia es la cualidad de realizar un trabajo con cuidado y minuciosidad.

La diligencia implica realizar una tarea con perseverancia, atención y consciencia.

La diligencia es el trabajo arduo necesario para alcanzar tus metas y tener éxito en cualquier empresa que emprendas.

Prefiere la diligencia a la ociosidad, a menos que prefieras el óxido a la brillantez.   - Platón

Los tres grandes elementos esenciales para lograr algo que valga la pena son: primero, el trabajo duro; segundo, la perseverancia; tercero, el sentido común.   -T.A. Edison.

"La diligencia supera las dificultades; la pereza las crea."
-Benjamin Franklin.

"No hay secretos para el éxito. Es el resultado de la preparación, el trabajo arduo y aprender del fracaso."   - Colin Powell.

Hay aspectos de la vida en los que se nos anima a ser diligentes. Debemos ser diligentes en nuestros asuntos espirituales, familiares y profesionales..

   A. El hombre diligente se dedica a su vida espiritual
(Deuteronomio 6:17-18)

   B. El hombre diligente se dedica a sus asuntos diarios (Proverbios 10:4-5;
2 Tesalonicenses 3:7-10)

God created us to be industrious and work to be a blessing.

   1) Se supone que el trabajo debe ser una alegría; fuimos creados
para trabajar.

   ¿Qué lugar ocupa el trabajo en tu vida y cuál es tu actitud hacia él?

   Cristo animó a sus discípulos a ser sal y luz, agentes de cambio en el mundo que los rodeaba.

   2) Uno de los mejores entornos para lograrlo es el trabajo.

   No se trata solo de trabajar duro; una buena ética laboral se trata de entender por qué debemos trabajar duro.

   "...y todo lo que hagáis, hacedlo todo para la gloria de Dios."
(1 Corintios 10:31)

   C. El hombre diligente se dedica al bienestar de su familia.
(Deuteronomio 6:4-7)

"Pero si alguno no provee para los suyos, y mayormente para los de su casa, ha negado la fe y es peor que un incrédulo." (1 Timoteo 5:8)

1) Cuídalo.
Cuidar tu don espiritual requiere discernimiento. Revisa tus motivos antes de usarlo. Mantén una práctica espiritual sólida para mantenerte firme y conectado con tu fuente. Busca la guía de mentores o líderes espirituales de confianza para superar los desafíos y asegurar el uso adecuado de tu don.
(1 Timoteo 6:20, 2 Timoteo 1:13-14)

2. Aviva tu don. (2 Timoteo 1:6-7)

"Avivar tu don" significa desarrollar y usar activamente tus talentos.

Tres maneras de lograrlo incluyen: practicar tu don regularmente, buscar la guía de mentores o personas con experiencia en tu campo y buscar activamente oportunidades para aplicar tu don para ayudar a otros.

3. Úsalo con frecuencia; cuanto más lo uses, más poderoso se vuelve. (Santiago 1:17).

Cuando pierdes la pasión por servir, es señal de que tu don se está desvaneciendo.

4. No lo descuides. (1 Timoteo 4:14).

Descuidar significa prestar poca o ninguna atención o cuidado a alguien o algo.

Para evitar descuidar tus dones, úsalos de forma activa y constante. Muéstrate dispuesto a compartir tus habilidades con los demás cuando sea necesario, asegurándote de que tu don no quede desperdiciado.

Capítulo 26

Oración Para Una Nueva Impartición

Declaración:

"Aun en la vejez darán fruto; estarán lozanos y lozanos." *(Salmo 92:14 NVI)*

"El Espíritu del Señor está sobre mí, por cuanto me ha ungido para anunciar buenas nuevas a los pobres. Me ha enviado a proclamar libertad a los cautivos y vista a los ciegos, para poner en libertad a los oprimidos..." *(Lucas 4:18 NVI)*

"Has amado la justicia y aborrecido la maldad; por eso Dios, tu Dios, te ha exaltado sobre tus compañeros ungiéndote con óleo de alegría." *(Hebreos 1:9)*

Tómate un momento para expresar gratitud, alabanza y adoración a Dios antes de recitar las siguientes oraciones en voz alta (Salmo 100):

- ESPÍRITU SANTO, conságrame y fortaléceme para realizar obras para el Reino de Dios, en el Nombre de JESÚS.

- Recibo unción fresca y poder para avergonzar públicamente a mis enemigos, en el Nombre de JESÚS.

- Que el ESPÍRITU del SEÑOR venga sobre mí poderosamente desde hoy (1 Samuel 16:13)

- ESPÍRITU SANTO, purifícame hoy con tu fuego, en el Nombre de JESÚS.

- Viviré en santidad y nada volverá a contaminarme, en el nombre de Jesús (2 Corintios 7:1).

- Dios, levántate y lléname con tu Espíritu de entendimiento, sabiduría y discernimiento, en el nombre de Jesús (Isaías 11:2).

- Unción que rompe el yugo, cae sobre mí y mi ministerio, en el nombre de Jesús (Salmo 32:8).

- Espíritu Santo, levántate y lléname con la unción evangelística, en el nombre de Jesús (Efesios 4:7-12).

- Ordeno a todo extintor de fuego en mi vida que se ahogue en el río de la vida, en el nombre de Jesús (Mateo 15:13).

- Oh Dios, enséñame qué hacer con la unción sobre mi vida, en el nombre de Jesús (Salmo 32:8).

- Que la luz de tu rostro brille sobre mí, oh SEÑOR, en el nombre de JESÚS (Salmo 4:6).

- ESPÍRITU SANTO, convierte mi vida entera en una llama ardiente de fuego en el nombre de JESÚS.

- Unción fresca para orar hasta que algo tangible suceda, que caiga sobre mi vida, en el nombre de JESÚS. (1 Tesalonicenses 5:17)

- OH SEÑOR, dame poder para ganar almas, profetizar, sanar, liberar e incluso resucitar a los muertos para la gloria de tu Santo Nombre (Hechos 1:8; 10:38).

- ESPÍRITU SANTO, conviérteme en un cristiano radical que nunca se rendirá como el apóstol Pablo, en el nombre de JESÚS. (Hechos 28:31).

- Recibo una unción fresca de Dios que me enseñará a orar y a vencer a mis enemigos, en el nombre de Jesús.

- Padre mío, estoy disponible para recibir virtudes frescas. Deséchalas sobre mí y deja que inunden mi vida, en el nombre de Jesús (Levítico 8:12).

- Anulo, por la Sangre de Jesús, todo poder de los falsos profetas y brujos que están en contra de mi vida y mi destino, en el nombre de Jesús.

- Que mi vida, mi familia, mi ministerio y mi obra posean hoy el poder fresco y la unción del Espíritu Santo, en el nombre de Jesús.

Sobre El Autor

El pastor Fred Kasule es el fundador de la Fundación Go International Uganda y supervisor de las iglesias de Cornerstone Christian Fellowship en Uganda. Es licenciado en Economía y Estadística por la Universidad de Makerere y egresado del Instituto Bíblico Internacional de Londres.

Maestro de la Biblia, autor y predicador, el pastor Fred organiza cruzadas y conferencias regularmente en Uganda y en el extranjero.

Está casado con Robina y tienen tres hijas: Phillipa, Christine y Tracy Dianne.

El pastor Fred es autor de libros que transforman vidas, entre ellos:
¡Tú Eres El Hacha de Batalla de Dios!; Claves Para Una Busqueda Exitosa del Destino, El Plan del Maestro.

Para más información puede contactarnos al +256(0)758 187 771 (WhatsApp) +256(0)772 502 853
Email: fredkasule@mail.com / **Pagina de Internet:** www.gifuganda.org